Masuren
Danzig und die Ostseeküste

Liebe Leserin, lieber Leser,

es ist wirklich an der Zeit, Ihnen ein MERIAN-Heft mit diesem Thema zu präsentieren. In den vergangenen Jahren haben viele Deutsche das nördliche Polen oder – was vielleicht doch noch geläufiger ist – das frühere südliche Ostpreußen, Danzig und das östliche Hinterpommern entdeckt, nicht wenige erlebten es neu. Der Eintritt Polens in die Europäische Union befreit von allen vermeintlichen restlichen Hindernissen. Wer hätte das vor 15 Jahren geglaubt!

Wir stellen Ihnen eine Region vor, die in ihrer Vielfalt ihresgleichen sucht. Wandern Sie durch die dunklen Wälder Masurens, genießen Sie den Zauber der stillen Seen, spüren Sie im lebhaften Danzig der Historie dieser alten Hansestadt nach und erholen Sie sich an den langen weißen Stränden der Ostsee. Auf dem Land treffen Sie nicht selten auf eine Welt, von der man glaubt, dass es sie längst nicht mehr gibt. Diesem Charme werden Sie sich nicht entziehen können. Die Fremdenverkehrsmaschinerie ist noch nicht so gut geölt wie in klassischen Urlaubsgebieten, dafür aber sind Sie zu Gast bei sehr herzlichen Menschen.

Bei Ihrer „Leserreise" durch diese Ausgabe begleiten Sie die prominentesten deutschen Autoren: Nobelpreisträger Günter Grass, Siegfried Lenz und Arno Surminski. Ihnen, die in Ostpreußen und Danzig zu Hause waren, verdanken wir, dass uns Gdańsk und Pomorze, Mazury und Warmia nicht gänzlich fremd sein werden.

Viel Vergnügen bei Ihren Entdeckungen!

Herzlich, Ihr

Andreas Hallaschka
MERIAN-Chefredakteur

…N DAS „ENDE …ER WELT“ …eiste Fotograf …eter Hirth, um die …Hauptstadt der …törche“, Żywkowo, …ennen zu lernen. …idia Necio (rechts), …ourismusbeauf…ragte, verschaffte …m beste Kontakte, …ilvia Weißengruber …Mitte) assistierte

SEIN NAME ist wie kein anderer mit Masuren verbunden: Durch Siegfried Lenz blieb diese ostpreußische Landschaft den Deutschen im Bewusstsein und damit auch ein tragisches Kapitel der deutschen Geschichte Seite 76

DAS TREFFEN IN BEHLENDORF
Der Alt-Danziger Günter Grass lud den Neu-Danziger Paweł Huelle (r.) und MERIAN-Redakteur Tibor M. Ridegh zu einem Gespräch über Danzig ein Seite 38

JOKEHNEN, Titel eines Bestsellers von Arno Surminski, ist das Dorf Jäglack, und Jäglack ist Jegławki. Surminski, Flüchtlingskind von dort, kehrt oft zurück, auch zu polnischen Freunden Seite 26

INHALT

Masuren
Danzig und die Ostseeküste

RUBRIKEN

SEITE 44
KEINE TRÄNE FÜR DIE KRÄNE
Die Danziger Werft steht vor dem Aus. Doch in der Heimat der Solidarność entsteht schon eine neue Zukunft

MERIAN | Info >>SEITE 110

>> Titelthemen

SEITE 86

DIE SCHÖNEN ALTEN

Schloss Gallingen ist mustergültig restauriert. Andere Gutshäuser sind nur noch Ruinen

SEITE 38

DANZIG | GDAŃSK

Günter Grass und Paweł Huelle im Gespräch über die Stadt, die der Deutsche oft Gdańsk nennt, der Pole oft Danzig

SEITE 98

DAS GLÜCK DIESER ERDE

liegt auf dem Rücken jener Vierbeiner, für die Ostpreußen schon immer berühmt war

SEITE 30

AUS NEU MACH ALT

Danzigs Langer Markt ist komplett aus Ruinen auferstanden – und hat die Aura seiner Geschichte behalten

SKIZZEN Danzig und Masuren

1950 Ostpreußen: die Landschaft

MERIAN-Ausgaben zu den Regionen dieses Heftes erschienen bereits wenige Jahre nach Gründung der Zeitschrift. Ziel vor allem war, die verlorenen Ostgebiete Deutschlands unzerstört zu zeigen, also mit altem Fotomaterial. Erinnerungen in Wort und Bild: wertvoll nicht nur für Leser, die von dort gekommen waren.

1951 Danzig

1952 Pommern

1953 Ostpreußen: die Städte

ALTES DANZIG, NEUES GDAŃSK Zeit**sprung**

Vor dem Artushof und dem Rechtstädtischen Rathaus, wo Freiluftrestaurants und Biergärten eröffneten (Foto links), konnten sich die Autofahrer zu Zeiten der Freien Stadt Danzig (Foto rechts) noch frei bewegen. Damals waren Langer Markt und Langgasse belebte Fahrstraßen. Dem Verkehr hatte man schon früher die meisten der Hochterrassen vor den Häusern, die „Beischläge“, geopfert. Kaum vorstellbar, dass hier im Zentrum in der Zeit zwischen den Aufnahmen alles zerstört war. Im Bildervergleich ist zu erkennen, dass die Geschosshöhen der Häuserzeile differieren – kleine Freiheiten der Architekten des neuen „alten“ Nachkriegs-Danzig.

ACHTUNG **Grenz**gänger

Bryan Nez, Navajo-Indianer und Amerikaner, schützt in Masuren die EU vor Schmuggler- und Schleuserbanden. Mit drei Kollegen aus Arizona schult er polnische Grenzschützer. Die staunen nur, was abgebrochene Äste, niedergetretenes Gras und das Gebaren von Vögeln so alles über die Lage an der Grenze verraten. Nur die Mücken irritieren Bryan beim Fährtenlesen. Die kommen zu Haus im Wüstengrenzgebiet zu Mexiko nicht vor.

Navajo-Grenzer Bryan Nez und seine polnische Truppe

Nasen-Naschwerk für Lech Wałęsa

NASE REINSTECKEN Kaschuben**kraut**

Die Männer in der Kaschubei waren schon immer starke Tabakraucher. Weil sie sich des Lasters während der Heiligen Messe enthalten mussten, stiegen sie um auf Schnupftabak. Nahmen eine gehörige Nase voll, und dann konnte der Pfarrer mit der Predigt beginnen. Offizielle Besucher der Kaschubei können sich dem Ritual nur schwer entziehen, auch der Ex-Präsident und einstige Solidarność-Chef nicht.

BERNSTEIN

Göttertränen

So nannten Euripides und Ovid den gelben bis honigfarbenen Stein, den die Ostseewellen bei starkem Wind an den Strand spülen. Das Harz der Kiefern untergegangener Küstenwälder, in dem sich das Licht bricht, faszinierte vor allem die alten Römer, die große Mengen davon aus dem „Barbaricum" importierten. Anders als damals gibt es heute Kunststoffimitate, aber auch einen Trick, sie zu erkennen: Echter Bernstein schwimmt in konzentriertem Salzwasser, aber die Fälschung geht gnadenlos unter

Die Kette als Klassiker. Doch der Bernstein erobert auch moderne Schmuckformen

FLASCHENGEISTER

Sto **lat!**

Der Gewürzlikör Danziger Goldwasser nach dem Rezept des „Lachs"-Wirts von 1606 (s. S. 129) veredelt uns die Kehle mit 22-karätigen Blattgoldplättchen. Der Bärenfang aus Blütenhonig, Weingeist oder Wodka, Zimt, Zucker, Zitronen- oder Orangenschale ist in Masuren als „krupnik" beliebt. Nach dem Edel-Wodka Chopin tanzt sich die Polonaise etwas beschwingter. Alle drei Köstlichkeiten passen zu jedem Anlass, den wir uns herbeitrinken mit dem Trinkspruch „sto lat!" – „Hundert Jahre (sollst du leben)"

SZENEN EINER EHE

Last exit **Bigos**

In England zerbrechen Ehen am Fußball, in Russland am Wodka, in Polen dann, wenn er zur ihr sagt: Das Bigos meiner Mutter ist aber besser! Beim Nationalgericht Nr. 1 – einem Eintopf mit Sauerkraut oder Weißkohl, geräuchertem Schweinefleisch, Wurst, Pilzen und Gewürzen – kommt es wie oft bei einfachen Speisen auf die Raffinesse an. 100 Hausfrauen haben, klar, 100 weitere verschiedene Zutaten. Um erfolgreich zu verhindern, dass er nach der Arbeit einen trinken geht, ruft die wahre Meisterin ihm nach: Es gibt heut' abend Biiiiigos!

Wacholderbeeren, Zwiebel Paprika, Schmalz und Rotwein nicht vergessen!

ZAHLENSPIEL

1 460 000
Menschen leben in Masuren. Polen, Ukrainer, Deutsche und Litauer

6600
der etwa 30 000 polnischen Störche nisten im Ermland und in Masuren

3000
Seen gibt es in Masuren. Mehr oder weniger

1000
Kilogramm wiegt ein ausgewachsener Wisent

328
Meter hoch ist der Turmberg (Wieżyca) in der Kaschubei und damit die höchste Erhebung zwischen Harz und Weißrussland

287
Grad Celsius bringen den Bernstein zum Schmelzen (und spurlosen Verschwinden)

114
Quadratkilometer Fläche hat der Spirdingsee (Jez. Śniardwy) Vergleich Müritz: 117 km^2

100
Wölfe heulen in Masurens Wäldern

7,15
Kilogramm Fisch fängt (statistisch) jeder Pole im Jahr

Waldpilze gibt's auf jedem noch so kleinen Wochenmarkt. Dienstags und freitags

PILZSUCHE Tick der **Nation**

Wer eigentlich kauft in Polen Pilze? Im August und September scheint die ganze Nation auf der Suche in den Wäldern unterwegs zu sein, nur die Notärzte bleiben in der Praxis. Vom Butterpilz bis zum Rotfußröhrling enden etwa 100 Speisepilzarten als Ragout und Füllung oder im Eintopf und in der Suppe, viele auch werden eingelegt oder getrocknet. Und es bleiben immer noch welche – in der Hauptsache Pfifferlinge und Steinpilze – für den Export übrig, so kommen zum Beispiel mehr als 45 Prozent der deutschen Einfuhr aus Polen.

AUENFRISCH

Weichteile

Die Störche sind nur mäßig begeistert. Kommen da doch Leute auf die feuchten masurischen Auen und sammeln ihnen die Weinbergschnecken weg. Die sind bestimmt für Pariser Gourmetrestaurants. In der einmonatigen Sammelsaison (ab 20. April) kommen in Masuren etwa 150 Tonnen zusammen. Gute Sammler bringen es täglich auf 3000 Weichtiere (100 Kilogramm), wofür etwa 50 Euro gezahlt werden. Hat ein Schneckenhaus einen Durchmesser von weniger als drei Zentimeter, winkt dem Tierchen die Freiheit – oder doch der Storchenschnabel.

Im Schneckentempo nach Paris? – Nein, im Flugzeug

PRO BAHN

Schienenkreuzer

Für alle, die Angst haben vorm polnischen Partner im Straßenverkehr, gibt es nun endlich eine Alternative: die Bahn. Der „Classic Courier" fährt von deutschen Bahnhöfen über Posen kreuz und quer durch Masuren – dort Stadtbesichtigungen, eine Schiffsfahrt, Ausflüge –, ins russische Kaliningrad (Königsberg), nach Danzig und zur Marienburg. Der komfortable Nostalgiezug hat natürlich auch Salon-, Bar- und Speisewagen. Übernachtet wird in Hotels. Termine und weitere Infos unter **www.dnv-tours.de**

POLEN | FLOP

AUF KEINEN FALL SOLLTEN SIE ...

>> ... Polen als „Osten" bezeichnen. Der fängt erst genau hinter der Ostgrenze an.

>> ... pünktlich zu einem Treffen erscheinen. Sagen Sie Ihrem noch später eintreffenden Partner, Ihre Uhr ginge falsch.

>> ... beim Bezahlen im Restaurant „danke" sagen, wenn Sie noch Wechselgeld zurückhaben möchten. Es bedeutet so viel wie „Stimmt so!"

>> ... an der Marienburg erst mittags erscheinen. Dann finden Sie vor lauter Touri-Bussen nicht das Tor.

>> ... versuchen, auf Polnisch nach dem Weg zur Ostsee zu fragen. Sie landen sonst in Frankfurt/Oder.

>> ... ohne Preisabsprache vom Flughafen, Bahnhof oder Touri-Zentrum ein Taxi nehmen. Dann fehlt Ihnen das Geld für die nächste Übernachtung.

POLEN | TOP

UNBEDINGT SOLLTEN SIE ...

>> ... die polnischen Verdienste um die Welt loben: den Papst, die polnische Wurst und das Knockout des Kommunismus.

>> ... sich die polnischen WC-Symbole einprägen: der Kreis steht für „Damen", das Dreieck für „Herren".

>> ... als Mann eine Dame mit angedeutetem Handkuss begrüßen. Diese altmodische Etikette ist in Polen auch heute noch üblich und kann Ihnen nur Sympathien einbringen.

>> ... bei einer Dinner Party aushalten. Ein zeitiger Aufbruch ist unhöflich gegenüber dem Gastgeber. Auch das Argument des frühen Aufstehens am nächsten Morgen wird nicht akzeptiert.

>> ... vermeiden, sich zur polnischen Innenpolitik zu äußern. Die Polen blicken selbst kaum durch und Sie schon gar nicht.

Der Wind hält

den Atem an

Landschaften von Leba bis Lyck, von Łeba bis Ełk, die vor nicht allzu langer Zeit bei uns zum Vergessen verurteilt schienen. Wir lernen sie neu kennen

Fotos: Klaus Bossemeyer

Melancholie hängt über den Äckern, doch der Horizont ist weit. „Solche Bilder schaffen mehr Wirklichkeit als alles Tun und Handeln", schreibt die Ostpreußin Marion Gräfin Dönhoff. „Nicht das Geschehene, das Geschaute prägt uns."

Weiß und heiß ist die
pommersche Sahara

Karawane auf der Piste zum Lontzker Berg (Łącka Góra). Bald hat der Ostseewind in der Dünenwüste bei Leba (Łeba) die Spuren wieder verweht

Vorlaubenhaus in Marynowy (Marienau) im Weichselwerder, wo Siedler aus Holland vor 600 Jahren die Sümpfe trocken legten

Aus anderem Holz: Hollands
Erbstücke an der Weichsel

Masuren bringt etwas zum Klingen, Mazury auch

Wasserbühne der Petrijünger am Schoß-See (Jezioro Czos) bei Sensburg (Mrągowo). Wenn die Fische nicht springen, tun's die Badelustigen

Kaschubiens Bauern kutschieren in die EU und hoffen auf viel Heu

Aus ermländischen Gemüsegärten frisch auf den Markt

Masurens Exportschlager: so duftig und so knusprig

Jugend auf dem Land. Viele reiche Kindertage, doch wenig Perspektiven

Im Schutz der grünen Dome. Fast überall

Glückspilz, wer so ein Sortiment zusammensammelt

Barrikade und Brandung.
Rauschen bis in die Ewigkeit

Die grüngelbe Halbinsel Hela (Mierzeja Helska) trennt die Ostsee von der Danziger Bucht. Auf dem 34 Kilometer langen „Kuhschwanz“ (krowi ogon) ist im Sommer kein Platz frei

Die Küste heißt Pommern.
Pomorze – »am Meer«

Die Fischer von Kuźnica (Kußfeld) machen ihre Kutter zur Fangfahrt klar. Auf die See oder die Danziger Bucht

Die Marienburg, Zentrum der Missionare und Eroberer. Gebaut, verscherbelt, besetzt, zerstört und wieder errichtet. Symbol für die Deutschen wie für die Polen

Festung im nahen Osten.
Ganz im Rot der Gotik

Als Nikolaiken (Mikołajki) noch nicht die Sommerhauptstadt Masurens war, bestieg man Boote nur, um zu fischen. Längst ist der Ort Zentrum der Skipper auf großem Törn über die weiten Seen

Es gibt fast 3300 Seen.
Einige sind richtige Meere

In der Wallfahrtskirche Heiligelinde (Święta Lipka)

Der Fischerort Hela (Hel) in der Saison. Ab Herbst ist man wieder unter sich

Bunt wird's getrieben in der Bischofsburg Heilsberg (Lidzbark Warm.)

Marina von Nikolaiken, Stützpunkt auf der großen Seentour

Frauenburg (Frombork). Diesen Blick über die Kathedrale und das Frische Haff genoss auch schon Kopernikus

Arno Surminski

Wo der liebe Gott die

Hier hat der Friede seinen Platz. Zu hoffen ist, dass das europäische Masuren nicht zu modern wird und darüber alles verliert, was es so anziehend macht

„Als der Herr noch auf Erden wandelte, kam er am späten Nachmittag, als er schon etwas müde war, ins Masurische und schuf, bevor er einschlief, mit sanfter Hand und ohne viel nachzudenken die masurische Wildnis. Seitdem ist Masuren ein Land ohne Eile, das gern die Zeit verschläft und seine Menschen die Langeweile lehrt …"

Damit ist viel über Masuren gesagt: Beschaulichkeit, wohin man auch blickt. Wasserfälle wären zu laut für diese Landschaft, hohe Berge würden dem weiten Horizont im Wege stehen. Stille gehört so selbstverständlich zu Masuren, dass darüber kein Wort zu verlieren ist. Erlaubt sind die Schreie der Raubvögel, das Spektakeln der Krähen in den Bäumen, der Singsang der Schwäne, wenn sie im Tiefflug über den See streichen, das Rufen des Käuzchens und das Summen der Bienen in blühenden Lindenbäumen. Wenn bei Tagesanbruch die Störche auf dem Scheunendach die Schläfer wachklappern, nun ja, ist es laut, aber es stört nicht.

Es gibt sie noch, die „Masurische Wildnis", jenes unwegsame Wald- und Seengebiet, in dem sich Wölfe und Füchse gute Nacht sagten und vor gar nicht so ferner Zeit Bären hausten. Wölfe sind selten geworden, die Bären in zahlreichen Stadtwappen verewigt und in einem Honigschnaps namens Bärenfang.

Wenn ich, von Allenstein kommend, ins Masurische eintauche, begegnen mir sofort die alten Bilder: Pferdefuhrwerke, die über Kopfsteinpflaster klabastern, Hocken auf dem Feld, barfuß laufende Kinder, Schnitter im Korn, Holzhäuser am Seeufer. Über den Haustüren kleben Schwalbennester, die Hühner spazieren in die Küche, auf dem Dach klappern Störche. Alte Männer, die Stummelpfeife im Mund, stehen am Straßenrand und blinzeln in die Sonne, Frauen jäten Gemüsegärten, Kinder spielen in den Patschlöchern des Sommerweges.

Von Masuren sagt man, dass der Himmel anders aussieht, die Seen verträumter erscheinen als die Gewässer anderswo und Kornblumen, Margeriten und Mohn üppiger blühen. Der Wind hält den Atem an, die weißen Sommerwolken wollen sich an Bäume und Kirchtürme hängen, um zu verweilen. So ist Masuren.

Was ist viel zu sagen über eine Landschaft, deren einziger Reichtum aus Wasser, Sand und Wald besteht? Die Sehenswürdigkeiten sind bescheiden. Der Kruttinna-Fluss im Süden schleicht so gemächlich von einem See in den anderen, dass der Betrachter ständig fürchten muss, die liebliche Kruttinna könnte das Fließen vergessen. Die Seen bevorzugen die kleine Form, verstecken sich im Dickicht der Wälder; nur der Spirdingsee ist so aus der Art geschlagen, dass er „das Masurische Meer" genannt wird, weil man Mühe hat, das andere Ufer zu sehen.

Ich kenne keine andere Landschaft, die so geprägt ist von Alleen. Hundertjährige Eichen, Eschen, Linden, ja sogar Birken begleiten die Straßen von Dorf zu Dorf, durchqueren gelbe Kornfelder, schlängeln sich an den Ufern der Seen entlang und verschwinden als Scherenschnitte hinter sanften Hügeln. Für Abenddämmerungen und Nebeltage hat Masuren die düsteren Kopfweiden erfunden, die die Feldwege säumen und dem Wanderer Furcht einflößen.

Am Rande der masurischen Einsamkeit liegen die Trümmer jenes Zyklopennestes, das 1941 in den Wald gebaut und 1945 in die Luft gesprengt wurde, eine traurige Sehenswürdigkeit. Die Betonklötze des so genannten Führerhauptquartiers in diese Landschaft zu setzen, war eine beispiellose Demüti-

Zeit verschlief

Alles scheint in sich zu ruhen.
Ein Blick von gestern, heute und
vielleicht noch morgen

Hinterm Schilf im See: abendliches Ritual der Lebenslust

gung. Es werden noch Jahrhunderte vergehen, bis die Natur den barbarischen Eingriff korrigiert hat; das Tausendjährige Reich hinterließ tausendjährige Trümmer. Ein Juwel dagegen, gar nicht weit entfernt von jenem Grauen, ist Heiligelinde, eine barocke Wallfahrtskirche, die vor allem deshalb so beeindruckt, weil in dieser unscheinbaren Wald- und Wiesenlandschaft niemand eine solche Kostbarkeit erwarten konnte.

Im Ersten Weltkrieg suchten die Tannenbergschlacht und die Masurische Winterschlacht das Land heim, noch heute erinnern Soldatenfriedhöfe an jene lauten Tage. Vom Tannenbergdenkmal, das 1945 auch gesprengt wurde, sind nicht einmal Trümmer geblieben. Der Zweite Weltkrieg verschonte Masuren von größeren Kampfhandlungen; im Juni 1941 schickte er in die masurischen Wälder jene Soldaten, denen es bestimmt war, nach Russland zu marschieren.

Masuren hat die geschichtlichen Zumutungen geduldig ertragen. Wie das Schilfrohr am Seeufer duckte es sich vor den Stürmen und richtete sich wieder auf, wenn das Unheil abgezogen war. Um 1900 verlor Masuren seine Jugend. Sie zog es über den Ozean oder in die Bergwerke Westfalens. Die Szepans und Kuzorras, die den Fußballklub Schalke berühmt machten, hatten masurische Wurzeln. Gern besuchten die Auswanderer ihre masurische Heimat und brachten ein wenig Wohlstand mit in das arme Land.

Auch heute empfängt Masuren seine Besucher wie verlorene Söhne, die der traurige Lauf der Weltgeschichte in die Fremde getrieben hat und die nun wieder heimkehren dürfen. Mit dem Eintritt Polens in die Europäische Union fühlen sich die Masuren mit ihren Auswanderern, Flüchtlingen und Vertriebenen wieder vereinigt. Ich hoffe nur, dass das „europäische Masuren“ nicht zu modern wird und darüber alles verliert, was es so anziehend macht.

Es bedurfte keiner großen Werbeaktion, um den Zauber Masurens zu verbreiten. Schon vor hundert Jahren nahm jeder Besucher ein Stück des Zaubers mit und berichtete über das eigenartige Land. Nicht zuletzt die Literatur hat diesem Landstrich Kränze geflochten. In „So zärtlich war Suleyken“ huldigte Siegfried Lenz seinem Masuren, Ernst Wiechert besang „Das einfache Leben“.

Masuren lebte lange mit dem Makel einer rückständigen Gegend, in der die technischen Errungenschaften der Neuzeit mit Verspätung eintrafen, wenn überhaupt. Ein wenig Exotik schwang immer mit, wenn man von Masuren sprach, das man eine Station vor Sibirien vermutete. Der Hochmut erlaubte sich Sprüche wie diese: „Fern am Rande der Kultur wohnt sich der Masur.“ Heute macht die angebliche Rückständigkeit den Reiz Masurens aus; es ist noch eine Welt zu besichtigen, die anderswo längst untergegangen ist.

Verändert hat sich auch das Selbstbewusstsein der Bewohner. Früher als Hinterwäldler belächelt, sprechen sie den Satz „Ich bin ein Masure“ mit Stolz aus und nicht wenige im Westen brüsten sich damit, auch eine masurische Großmutter zu haben.

Die neue Wertschätzung hat dazu geführt, dass Masuren eine wundersame territoriale Ausdehnung erfahren hat. Ursprünglich war es ein schmaler Landstreifen im Südosten der Provinz Ostpreußen, der keine exakten Grenzen hatte. Heute dehnt sich das Bild über alle Maßen aus. Viele rechnen das ganze Land südlich der Grenze zum russischen Oblast Kaliningrad, dem Königsberger Gebiet, zu Masuren und möchten sogar das westlich gelegene Ermland, das eine eigene Geschichte und eigene Bewohner, aber die gleiche schöne Landschaft hat, dem Masurischen zuschlagen.

In Masuren glaubt man immer noch, in einem Paradies zu leben, in das der liebe Gott kommt, wenn er ausruhen will. Die Menschen hier bedauern jeden, der dieses Land verlassen muss, und wünschen ihm baldige Heimkehr. Nach Masuren kommen, heißt immer heimkehren. □

Arno Surminski, *1934 in Jäglack bei Rastenburg geboren, wurde vor allem mit den Romanen „Jokehnen“, „Kudenow“ und „Polninken“ zum Chronisten seiner Heimat, von Flucht und Vertreibung. Längst pflegt er herzliche Verbindungen ins heutige Jegławki.*

Im Licht der neuen Zeit

Wie ein Phönix aus der Asche erstand Danzig ein zweites Mal. Mutig war die Entscheidung, die Stadt nach historischem Vorbild neu aufzubauen, als kaum ein Stein noch auf dem anderen stand. Die alte Hansestadt hat sich reproduziert, wirkt sogar schon wieder museal und ist auf dem Weg in eine hellere Zukunft

Fotos: Peter Rigaud

Vorn Museum, hinten Nightlife. Die Mottlau und die Uferpromenade „Lange Brücke“ mit dem Krantor

NTRALNE MUZEUM MORSKIE
STATEK BADAWCZY
HEMPEL
KASZUBSKI BRZEG
32
30
28

Mit Riesenschritten nach Europa

Durch das Goldene Tor zogen die Könige Polens einst feierlich über die Langgasse zum Rechtstädtischen Rathaus. Für einen Blick in Muße auf den Königsweg fehlt den Danzigern meistens die Zeit: Zu schnell ändern sich für die neuen EU-Bürger ihr Lebensstil, ihr Alltag, ihre Stadt

DEINEN MAVREN VND
GLVCK IN DEINEN PALASTEN PSA 122

Die Herzen in die Höhe

Unter den gotischen Netzgewölben der größten Backsteinkirche der Welt finden 25 000 Menschen Platz und Trost. Seit der Reformation evangelisch, seit dem Wiederaufbau nach dem Krieg katholisch, dient St. Marien der privaten Fürbitte und dem öffentlichen Kunstgenuss

Die Frauengasse mit den „Beischlägen“, den Terrassen vor hohen Hausfassaden

Gotik und Renaissance im steilen Auf und Ab der Giebel der Rechtstadt

Der Meergott schützt die Stadt

Der Neptunbrunnen ist das Wahrzeichen Danzigs. Als Zeichen dafür, dass die Stadt wohl vom Meer lebte, der Reichtum aber an Land gewonnen wurde, steht er vorm Artushof, dem einstigen Treffpunkt der Patrizier. Das Meer ist fern, sein Element kommt aus der Leitung

Die Schriftsteller Günter Grass und Paweł Huelle im Atelier des Nobelpreisträgers im holsteinischen Behlendorf

Günter Grass und Paweł Huelle zu

Danzig und Gdańsk

Danzig war kosmopolitisch und wird es wieder werden. Günter Grass, deutscher Danziger und Paweł Huelle, polnischer Danziger, reden über ihre Heimatstadt. MERIAN führte die beiden Literaten zu diesem Gespräch zusammen

MERIAN: Rückt Ihnen, Herr Grass, das polnische Danzig durch die EU-Mitgliedschaft näher?

GÜNTER GRASS: Das begann bei mir schon viel früher. Ich bin bereits 1958 nach Danzig gefahren. Damals war ich ausschließlich auf der Suche nach Spuren des alten Danzig. Ich traf dort auf eine Bevölkerung, die aus Wilna und aus Grodno kam. Das waren auch Flüchtlinge, die verstanden meine Gefühle. Und im Lauf der Jahre habe ich dann den Aufbau der Stadt erlebt. Mein Verhältnis zum polnischen Gdańsk ist also mit den Jahren gewachsen, das wird sich jetzt durch den Eintritt in die europäische Gemeinschaft, ich will nicht sagen verstärken, aber bestätigen.

MERIAN: Bei Ihnen in Gdańsk, Herr Huelle, gibt es Befriedigung, aber auch Besorgnisse.

PAWEŁ HUELLE: Ich denke, dass die europäische Perspektive nichts Schockierendes ist, weder für Danzig noch für Polen. Wir haben in den letzten 20 Jahren eine Arbeit geleistet, die nicht einfach war. Aber das Resultat lässt sich sehen …

GRASS: Sagten Sie in den letzten 20 Jahren? Das finde ich sehr interessant.

HUELLE: Von Solidarność an gezählt. Das war ein Prozess. Meine Zeitrechnung geht von der Solidarność aus.

GRASS: Ich würde es noch früher ansetzen. Polen hat innerhalb des kommunistischen Blocks immer eine Sonderrolle gespielt und ist deshalb auch intellektuell auf den Verbund mit den EU-Staaten viel besser vorbereitet als andere Länder.

HUELLE: Was jetzt europäischer Standard ist, hatte in Polen und Danzig vom 16. bis zum 18. Jahrhundert ja längst stattgefunden. Dieses Ineinandergreifen der Kulturen war damals alltäglich. Sie, Herr Grass, haben zum Beispiel viel über Daniel Chodowiecki geschrieben. Auch er *(Danziger mit polnischem Vater und hugenottischer Mutter, Kupferstecher und Direktor der Königlichen Preußischen Akademie der Künste in Berlin – d. Red.)* verkörperte dieses Miteinander. Erst das 19. und 20. Jahrhundert haben uns so entzweit.

GRASS: Ich stimme Ihnen zu. Danzig hat – gefördert auch durch die Hanse – sehr früh ein europäisches Gesicht bekommen. Sicher überwiegend durch deutsche Ansiedler, aber es waren auch Holländer da, und es kamen Schotten hinzu. Danzig erlebte 300 Jahre seiner Blütezeit unter der polnischen Krone und befand sich – wenn nicht gerade Krieg war zwischen den polnischen Königen und Gegenkönigen – in einer privilegierten Situation: Die Stadt war reich und konnte die Schulden der polnischen Könige bezahlen.

MERIAN: Geht Gdańsk, in der Tradition dieser freistädtischen Souveränität, mit der neuen Zugehörigkeit zur EU und mit dem dadurch näher gerückten deutschen Nachbarn selbstbewusster um als das restliche Polen?

HUELLE: Die Danziger sind sehr offen. Die Geschichte der letzten Jahre zeigt das besonders. Günter Grass hat einmal in Danzig gesagt, dass die Solidarität und die Streiks eine Danziger Tradition seien. So eine Tradition, die aus der tiefsten untersten Reihe, von Plebejern erweckt, hervorgerufen wird. Danzig scheint mir ein guter Kristallisationspunkt zu sein für neue Überlegungen – auch zur Zusammenarbeit von Deutschen und Polen im Rahmen der Union. Vieles ist längst selbstverständlich. Als 1972 oder 1973 eine Yacht nach Danzig einlief und neben der deutschen auch die Flagge der Freien Stadt Danzig aufgezogen hatte, haben sich die Kommunisten noch fürchterlich aufgeregt. Heute gehört diese Flagge zum Stadtbild. Und so von Mitte Mai bis September hört man sehr viel Deutsch in der Stadt. Das stößt niemanden vor den Kopf. Die Danziger denken pragmatisch – und an die Quellen für Hoteliers, Gastronomen und Geschäfte.

GRASS: Ich glaube, es liegt auch daran, dass Gdańsk, früh und wahrscheinlich vor anderen polnischen Städten, die Vergangenheit und Vorvergangenheit Danzigs akzeptiert hat. In der Literatur begann es gerade bei Paweł Huelle, seine ersten Bücher stellen Fragen. Wer hat an diesem Tisch in diesem Haus gesessen? Das waren Deutsche. Wie waren die beschaffen? Er hat die Fragen gestellt, die lange tabuisiert waren. Es gab eben Nationalisten auf beiden Seiten. Die polnischen Nationalisten sagten: Urpolnisches Gebiet ist zurückerobert worden. Und auf deutscher Seite: Unsere Ostprovinzen sind verloren gegangen. Die Wahrheit liegt in der Mitte. Es war ein von Deutschen begangenes politisches Verbrechen, das zum Verlust dieser Provinzen geführt hat, und wir Deutsche haben uns sehr schwer mit diesem Verlust getan. Die Polen haben sich auch damit sehr schwer getan anzuerkennen, dass dort breit gestreut Wurzeln deutscher Kultur zu finden sind. Und indem sie Danzig wieder aufgebaut haben, haben sie sich bekannt machen und befreunden müssen. Und das ist geschehen.

MERIAN: Wenn deutsche Danziger zu Besuch kommen, wird manchmal etwas abfällig von Heimwehtourismus gesprochen.

GRASS: Ich finde das verständlich. Es sind zumeist alte Menschen, die mittlerweile mit ihren Kindern und Enkelkindern hinreisen und zeigen, wo sie hergekommen sind. Das gibt es übrigens auch in umgekehrter Richtung. Ich habe kürzlich einen sehr interessanten Film gesehen über den Bug als Grenzfluss. Und da wird gezeigt, wie Polen nach Lemberg fahren und von den dort lebenden Ukrainern ein bisschen freundlich, aber auch mit einem gewissen Misstrauen angesehen werden – wollen die alle wieder nach Lemberg zurück?

HUELLE: Im vergangenen Jahr – meine Familie stammt ja aus Lemberg – war ich das erste Mal dort. Ich wollte vorher nicht hinfahren. Das war so eine mythologische Stätte meiner Vorfahren. Nun bin ich doch dagewesen und ich bedauere es nicht. Ich weiß nicht, ob ich mich jetzt als Heimwehtourist qualifiziere …

MERIAN: Der Bevölkerungsaustausch, in Lemberg gleichermaßen wie in Danzig, zog naturgemäß für zigtausende Menschen die Frage ihrer Identifikation mit einem neuen Lebensumfeld nach sich. Das Einleben hat Jahre benötigt und die Bürger von Gdańsk lernten, dass sie in der Kontinuität Danzigs stehen. Haben sie inzwischen erkannt, dass sie nun auch Hanseaten sind?

HUELLE: Ich möchte scherzhaft darauf antworten. Die Hanse ist zur Verteidigung der Kaufmannschaft gegründet worden. Das war damals ein begründetes Anliegen. Heute dagegen – nach meinen Erfahrungen mit dem polnischen Kapitalismus – würde ich die Wirtschaft nicht so sehr schützen, sondern eher noch ein bisschen mehr mit höheren Zöllen oder Abgaben schröpfen wollen. Doch im Ernst: Natürlich ist die Tradition der Hanse auch für die Danziger eine sehr gute Tradition, weil sie international begründet ist.

MERIAN: Als der Danziger Stadtrat 1997 im Artushof seine Festsitzung zur Eröffnung der Millenniums-Feier abhielt, war Alexander Kwaśniewski, der polnische Präsident, nicht eingeladen worden. Peinlicher Protokollfehler oder Demonstration stolzen Hansebewusstseins?

HUELLE: Beides. Wahrscheinlich ist dem Stadtrat ein Fauxpas unterlaufen. Aber viele Danziger sagten damals tatsächlich: Das ist prima. Vom Zentralismus halten wir nichts, wir sind eigenständig genug.

MERIAN: Im selben Jahr richtete Danzig den 17. Hansetag der Neuzeit für 106 Mitgliedsstädte aus. An der prinzipiellen Zielsetzung der Hanse hat sich ja nichts geändert. Wie im Mittelalter geht es um die Förderung des Handels und um den Schutz von Investitionen, hinzugekommen ist die Promotion des Tourismus. Wie geht die Entwicklung weiter?

GRASS: Mit dem Beitritt zur Europäischen Union eröffnen sich die Möglichkeiten gerade erst. Ich glaube, dass Brüssel mit seiner immer stärker wachsenden Bürokratie eines hanseatischen Impulses bedarf. Die Hanse war weit weniger bürokratisch organisiert. Das Fördern der Kultur kam aus dem Selbstverständnis der hanseatischen Kaufleute, während im heutigen Europa Kultur etwas ist, was man als schmückende Feder ansteckt. Die Wirtschaftsinteressen sind zu ausschließlich und es kommt hinzu, dass Europa unter einem demokratischen Defizit leidet. Was ich mir wünsche: dass Polen und die anderen neuen Mitgliedsländer nicht nur auf die Fleischtöpfe in Brüssel schauen, sondern dafür sorgen, dass das Straßburger Parlament mehr Kontrollkompetenzen bekommt. Das wäre durchaus auch ein hanseatischer Impuls.

HUELLE: Der hanseatischen Tradition entsprechend sollten die heutigen Kaufleute mehr auf ihre Eigenständigkeit setzen und diese auch entwickeln können. Und wie damals über Grenzen hinweg denken, was ja zum Teil mit den Regionalisierungen schon passiert.

MERIAN: Wenn Brüssel ab jetzt bestimmt, wie viele und welche Schiffe auf der Danziger Werft gebaut werden dürfen – wovon deren Existenz nun sogar endgültig abhängen kann –, widerspricht das der Möglichkeit größerer unternehmerischer Freiheit.

HUELLE: Unternehmertum und Reglementierungen – das ist natürlich sehr konträr. Aber es wird schon noch eine Werft in Danzig geben. Es ist wie mit der polnischen Nationalhymne, in der es heißt: „Noch ist Polen nicht verloren." Die Parallele: zwar am Abgrund, aber noch nicht tot.

MERIAN: Auch die Esten haben eine schöne Hymne, aber „Noch ist Estland nicht verloren" kommt darin nicht vor. Vielleicht, weil sie sich voll auf neue Technologien konzentriert haben. In Wirtschaftsnachrichten aus dem Ostseeraum hört man immer Tallinn und Riga und fragt sich, ob die da oben Gdańsk nicht längst schon davongelaufen sind.

„Vom Zentralismus halten die Danziger nichts. Sie sind eigenständig genug"

Paweł Huelle besuchte noch vor dem Treffen das Günter-Grass-Haus in Lübeck

HUELLE: Diese baltischen Städte scheinen sich zurzeit schneller zu entwickeln. Es stimmt, dass Gdańsk im Wettbewerb hinterherhängt. Die Zeit, als 80 Prozent des Ostseehandels über Danzig abgewickelt wurden, liegt mehrere Jahrhunderte zurück. Ich finde auch, dass Gdańsk zu wenig tut, um moderne Technologien und zukunftsträchtige Industrie herzuholen. Es ist heute schwer, etwas Konkreteres über die Zukunft zu sagen. Ich denke aber, sie liegt für uns im Tourismus – und in der Kultur natürlich.

GRASS: Die Danziger sind rasch bereit, neue Museen und Gedenkstätten zu bauen. Ich habe mal mit dem Stadtpräsidenten Adamowicz ein

Grass, MERIAN-Herausgeber Manfred Bissinger und Tibor Ridegh (v.r.)

„Hätte Danzig zum kapitalistischen System gehört, wäre es nie wieder aufgebaut worden“

Gespräch geführt, es ging um Chodowiecki. Ich habe gesagt, macht bitte kein Museum, sondern richtet eine Druckerwerkstatt ein. Chodowiecki war ein großer Radierer und ich kann mir vorstellen, dass viele polnische Künstler dankbar sind, wenn eine gut funktionierende grafische Werkstatt entsteht, in der man Radierungen und Lithografien herstellen kann. So dass sich dieses neue Haus selber tragen kann, also nicht subventioniert werden muss.

Wie man in der Industrie etwas Neues einführen kann, habe ich in meinem Buch „Unkenrufe“ beschrieben. In der Geschichte gibt es einen Inder, der in Danzig zur Zeit der Werftenkrise einige leer stehende Hallen mietet und mit der Produktion von Fahrrad-Rikschas beginnt. Auch mit der Perspektive, dass mit der Fahrrad-Rikscha innerstädtische Verkehrsprobleme nicht nur in Danzig gelöst werden könnten. Aber man hat meinen literarischen Vorschlag bisher leider nicht umgesetzt.

HUELLE: Ich kann dazu sagen, dass der Film zu dem witzigen Buch, das Herr Grass geschrieben haben – und ich das Drehbuch dazu –, nun realisiert wird.

GRASS: Da wird man die Fahrrad-Rikscha, so hoffe ich, rollen sehen und begreifen, dass sie eine vernünftige Alternative ist zu den Autos, die die Städte verstopfen.

MERIAN: Zum gegenteiligen Problem: Die Danziger Innenstadt ist abends auf seltsame Art leer und ungastlich. Man hat das Gefühl, die Tore eines Freilichtmuseums hätten sich geschlossen, obwohl im Danziger Zentrum, anders als sonst in Innenstädten, noch viele Menschen wohnen.

HUELLE: Zwei ganz fundamentale Gründe dafür. Die Stadt war dem Erdboden gleichgemacht worden. Die polnische Regierung traf die wunderbare Entscheidung, Danzig wieder aufzubauen. Aber dieser Wiederaufbau fand in den schwersten kommunistischen Jahren statt. Das führte dazu, dass das Prinzip des Danziger Hauses, in dem unten ein kleines Geschäft war und oben die Familie lebte, umgeworfen wurde. So entstand ein fast reines Wohngebiet. Der Hafen wurde weg vom Zentrum verlegt, es könnten ja Ausländer kommen und gucken. Insofern gab es kein Leben, das sich aus dem Hafen gespeist hätte und in die Stadt hineingeflossen wäre. Nicht vorstellbar, dass etwa schwedische Seeleute in die Stadt gingen. Und was man unter Hafenleben versteht, also Kneipen, Jazz, Prostitution, das alles war noch in den siebziger Jahren sozusagen im Untergrund. In der schönen aufgebauten Altstadt haben nur verdiente Parteigenossen eine Wohnung bekommen, keine Kaufleute. Es gab ja sowieso keine Kaufleute.

GRASS: Ich bin in der Kritik an Kommunisten nicht zu übertreffen – aber man darf eins nicht außer Betracht lassen: Wenn Danzig nach der Zerstörung zu einem kapitalistischen System gehört hätte, wäre es nie aufgebaut worden. In Westdeutschland sind zudem unter kapitalistischen Bedingungen mehr Altstadt und kulturelle Bausubstanz zerstört worden als während des Krieges durch die Bombenangriffe.

Es wurde aber, glaube ich, in Danzig nach einer gloriosen Aufbauleistung ein Fehler gemacht. Man hat die Speicherinsel, die in ihrem Urzustand nur aus Speichern bestand, mit Pseudogebäuden bebaut, die dort nie gestanden haben. Nicht erwogen wurde z. B. ein modernes Stadtviertel mit leichter technologischer Industrie und anderen Dingen. Man hat nur die touristische Komponente Danzigs weiter ausgebaut. Das ist aus meiner Sicht ein Versäumnis, dort wäre es möglich gewesen, ein merkantiles Gegengewicht zu schaffen, wie es die Stadt braucht. Neben dem sehr tüchtigen kulturell-touristischen Bein ein zweites Standbein.

HUELLE: Völlig einverstanden. Ich habe selbst mal ein Projekt entworfen, was die Speicherinsel betrifft. Das zweite Standbein, das war auch mein Gedanke.

Die jetzigen Investoren in Danzig haben meines Erachtens zu wenig Achtung vor der Tradition. Ich verstehe, dass man nicht alles wieder so aufbauen kann, wie es mal war. Aber wenn wir etwas bauen, was die Marienkirche auf der Perspektivachse hat, dann muss es eine Verbindung zu der anderen Architektur geben. Es muss ein Dialog zwischen beiden Stilen entstehen, hingebaut werden kann nicht irgendetwas, was sonstwo stehen könnte. Darum hassen mich alle modernen Danziger Architekten.

Als vor vier Jahren auf dem Kohlenmarkt das nächste Glasgebäude entstehen sollte, habe ich eine Protestbewegung ins Leben gerufen. Man hat den Bau in dieser Form da dann auch nicht hingestellt. Nicht, weil ich ein Gegner der modernen Architektur wäre, nur meinte ich, an dieser Stelle solle ein Objekt stehen, das zumindest an das Gebäude aus dem 19. Jahrhundert erinnert, das früher da stand. Doch „19. Jahrhundert“ bedeutete bis vor kurzem wilhelminische Zeit, Bismarckzeit, Feindseligkeit. Inzwischen hat sich eine völlig andere Einstellung durchgesetzt.

GRASS: Es ist an sich eine klare Sache. Die Polen hatten keine ideologischen Schwierigkeiten, die

Bauwerke ihres größten Feindes, des Deutschen Ordens, wieder aufzubauen. Die Große Mühle in Danzig ist so ein Bau des Ritterordens.
Und jetzt kommen wir auf die Gebäude des 19. Jahrhunderts. Es gibt eine ganze Reihe von Villen, die sehr schön sind. Zumeist liegen sie im Vorort Langfuhr *(heute Wrzeszcz)* oder zwischen Danzig und Langfuhr an der Allee. Viele dieser Villen sind jahrelang mit Familien überbelegt gewesen. Die sind verwohnt, dringend restaurierungsbedürftig. Und soweit ich sehe, werden diese Häuser auch wieder langsam instand gesetzt. Es stellt sich natürlich immer die Frage, wer Besitzer ist, wer die Kosten trägt. Da wird man sicher auf dem Privatsektor Investitionsmodelle entwickeln müssen. Die Gebäude sind von ihrer baulichen Substanz noch gut und es besteht kein Grund sie abzureißen.

MERIAN: Auf der Speicherinsel sollen einige Hektar Baufläche zur Verfügung stehen, die noch nicht im Privatbesitz sind. Wäre es nicht eine großartige Chance für Danzig, das ja etwa der geografische Mittelpunkt im Ostseeraum ist, sich darum zu bewerben, hier einige Institutionen des Ostseerates der zehn Anrainerstaaten anzusiedeln?

HUELLE: Über „nicht im Privatbesitz" stelle ich ein Fragezeichen. Wenn es nicht schon so ist, dass die Amerikaner es besitzen. Ob die zentrale Lage die Rolle Danzigs in eine besondere verwandeln kann und ob die Politiker ihre Aufgaben so gut erfüllen, dass sich das realisieren lässt, weiß ich nicht.

GRASS: Es wird sich die Frage stellen, ob man einige europäische Behörden auch in Polen beheimatet, und dann die nächste, inwieweit Danzig mit Warschau konkurrieren kann …

MERIAN: … in Warschau existierte zu keiner Zeit der kosmopolitische Geist einer Stadtrepublik Danzig …

GRASS: Der Staat ist zentralistisch organisiert und die Warschauer neigen dazu, alles außerhalb ihrer Stadt als Provinz anzusehen. Es wird also eines Aufstandes der Provinz bedürfen, um eine Brüsseler Behörde nicht nach Warschau, sondern nach Gdańsk zu holen.

MERIAN: Gewiss aber etablieren werden sich ausländische, auch deutsche Investoren und Konkurrenten. Empfindlichkeiten?

HUELLE: Das kann ich so nicht bestätigen. Natürlich haben wir auch politische Gruppierungen, die rechtsaußen sind. Die stellen jeden Deutschen, der in Polen investiert, als den Großmeister des Ritterordens dar. Aber das ist marginal. Man muss pragmatisch denken. Wenn es eine Gleichberechtigung zwischen ausländischem und polnischem Kapital gibt, dann ist es fair.

GRASS: Auch ich glaube nicht, dass sich diese Frage so brisant stellen wird. Nach meiner Prognose wird sich die Wirtschaft Polens in den nächsten Jahrzehnten positiver entwickeln als bei uns. Es kann durchaus passieren, dass eines Tages ein Achtel des Berliner Kurfürstendamms in polnischem Besitz sein wird.

HUELLE: Im Moment lernen wir die harte Lektion des Kapitalismus. Manchmal will ich ein bisschen klagen. Dann trinke ich meinen Wodka mit Freunden und wir klagen mal 'ne Runde. Irgendwann sagt jemand zwischendurch: „Halt, stopp, das ist doch genau das, was ihr eigentlich wolltet!" – Es ist eine philosophische Frage, ob es einen dritten Weg gibt.

GRASS: Ich möchte dem widersprechen. Das ist keine philosophische Frage, sondern die einer genauen Prüfung von möglichen Maßnahmen. Wenn Polen einerseits zu Recht darauf dringt, dass Deutsche dort keinen Grundbesitz erwerben dürfen und – wie schon die Dänen – auch eine entsprechende Ausnahmeregelung in dem neuen Kontext Europa durchsetzt, muss man andererseits in ähnlich heiklen Bereichen genauso Vorkehrungen, zum Beispiel durch Kartellgesetze, treffen. Ich denke hier konkret an die Presse in ausländischer Hand.
Es gibt hierzu aus meiner Sicht ein Ärgernis, das ich auch bei einem Besuch in Gdańsk zur Sprache gebracht habe. Der Pressekonzern Passauer Neue Presse der Familie Kapfinger hat nach 1990 in Tschechien viele Provinzzeitungen aufgekauft. Danach ging das Unternehmen nach Polen. In Gdańsk sind Dziennik Bałtycki und Wieczór Wybrzeża in seinem Besitz. Man muss wissen, dass die Passauer Neue Presse über zwei Jahrzehnte lang Diffamierungskampagnen gegen Willy Brandt betrieb: Brandt als Emigrant, als uneheliches Kind, mit allen möglichen Geschichten. Gegen den Mann also, der 1970 als Bundeskanzler nach Warschau reiste und den Mut hatte, die Oder-Neiße-Grenze anzuerkennen. Für ihn müsste – wenn er noch lebte – beschämend sein zu erfahren, dass ausgerechnet die Passauer Neue Presse in Danzig Fuß gefasst hat. Ich habe mit Polen darüber gesprochen, auch in Danzig. Man sagt mir, die Passauer Neue Presse habe neue Computer gekauft und es gäbe ganz neue Räume. Man geht über diese unglückselige Geschichte

„Manchmal will ich ein bisschen klagen. Mit Freunden trinke ich dann meinen Wodka und wir klagen mal 'ne Runde."

Stolz präsentiert der Künstler Grass Zeichnungen, die den Kollegen Huelle offenkundig begeistern

„Ich würde mit ihm ins Conradinum gehen, in meine alte Schule, wo ich gelitten habe."

Manchmal sagt Grass „Danzig", und dann wieder „Gdańsk". Nicht anders Huelle

einfach hinweg. Da sehe ich in meiner Liebe und auch in meinem kritischen Verständnis zu Polen Zündstoff. Ich habe hier von polnischer intellektueller Seite keine Unterstützung bekommen.

HUELLE: Ich bin ein indirektes Opfer dieses Konzerns. Ich arbeitete für die erste polnische private Zeitung, die weder kommunistisch noch im Besitz vom westlichen Kapital war. Aber wir hatten kein Geld, um zu investieren, und niemand wollte uns Kredite geben. Die Zeitung machte bankrott, obwohl wir wirklich nicht schlecht waren. Die Danziger, die durchaus die Besitzverhältnisse kennen, unterscheiden heute deshalb ironisch zwischen der „polnischsprachigen" und der „polnischen" Presse.

MERIAN: An einigen Stadttoren und Mauern finden sich in schöner Eintracht die drei Schilde mit dem polnischen Adler, dem preußischen Adler und dem Danziger Wappen. Wäre von Ihnen in Gdańsk, Herr Huelle, eine Toleranz gegenüber der Historie zu erwarten, die es zuließe, unter Straßenschilder wie Długi Targ und Mariacka auch die alten Namen Langer Markt und Frauengasse zu setzen?

HUELLE: Ich würde damit gut umgehen können. Wir leben doch in einer Epoche, wo wir das, was von den Nationalismen und vom Krieg weggefegt wurde, wieder hervorholen. Ich war kürzlich in einem kleinen ukrainischen Ort, der auch Judenverfolgungen erlebt hatte. Es hat mich zutiefst berührt, dass die Straßen heute ukrainisch und jüdisch benannt sind.

GRASS: Von deutscher Seite sollte man das nicht fordern. Aber es wäre eine schöne Überraschung, wenn eines Tages, mit Einwilligung der Bürger der Stadt, diese sehr schön klingenden deutschen Gassennamen daneben stünden. Es gibt am Grünen Tor eine ganz schmale Gasse, die hieß Kleine-Hosennähergasse. Ein so wunderschöner Name, ich würde den gerne dort wieder lesen.

HUELLE: Wir haben dafür den polnischen Namen ulica Dziana.

GRASS: Ja, ja, das ist richtig. Viele, viele sind ja übersetzt. Auch Brotbänkengasse …

MERIAN: Krakau, sagt man, sei sehr viel urbaner als Danzig. Liegt es vielleicht daran, dass es dort eine alt eingesessene Bevölkerung gibt und hier nicht?

HUELLE: So ist es. Die gewachsene Kultur durch Generationen hat bewirkt, dass Krakau viel vitaler ist.

GRASS: Aber dadurch natürlich viel konventioneller. Ich würde die Frage in eine andere Richtung stellen. Was mich immer gewundert hat, ist, dass ein bedeutender Teil der neuen Bewohner von Gdańsk aus Wilna kam und dennoch so wenig von der Wilnaer Tradition in Danzig ansässig geworden ist.

HUELLE: Sie haben Recht. Aber hiermit sind Sie in ein Danziger Wilna-Restaurant eingeladen, wenn Sie das nächste Mal bei uns sind.

GRASS: Ich komme sehr gern mit!

MERIAN: Sie treffen sich in Danzig. Sie, Herr Grass, möchten Herrn Huelle etwas sehr Deutsches zeigen und Sie, Herr Huelle, Ihrem Besucher etwas sehr Polnisches. Wo führen Sie einander hin?

GRASS: Ich würde mit ihm ins Conradinum gehen, in meine alte Schule, wo ich gelitten habe. Zu Schülererinnerungen – und Paweł Huelle hat ja auch Schülererinnerungen.
Als ich ihn kennen lernte, hatte ich bereits „Weiser Dawidek" von ihm gelesen und das ist schon etwas Erstaunliches. Während ich in der Novelle „Katz und Maus" die letzten Kriegsjahre unter Jugendlichen geschildert habe, beschreibt er die unmittelbare Nachkriegszeit aus polnischer Sicht und Erfahrung. Es ist wie eine Fortsetzung. Und man sollte den deutschen wie den polnischen Verleger ermuntern, seinen kurzen Roman und meine Novelle in einem Band herauszugeben.

HUELLE: Herr Grass kennt ja alles. Doch ich nehme jetzt mal an, er käme zum ersten Mal her. Ich würde ihn in die Altstadt führen und sagen: Schauen Sie mal, das alles war deutsch. Aber wir Polen haben das wieder aufgebaut. Also sind wir aufeinander angewiesen.

GRASS: Dann würde ich zu ihm sagen: Das weiß ich! □

Günter Grass, *geboren 1927 in Danzig, bekam 1999 den Literaturnobelpreis. Sein bedeutendstes Werk ist die „Danziger Trilogie" („Die Blechtrommel", „Katz und Maus", „Hundejahre"). Grass ist Ehrenbürger der Stadt Danzig.*

Paweł Huelle, *geboren 1957 in Gdańsk, Philosophiedozent, zeitweise Sprecher von „Solidarność", später Direktor des Danziger Fernsehens, ist einer der großen polnischen Autoren. Auf Deutsch erschienen u. a. „Weiser Dawidek", „Silberregen" und „Mercedes Benz".*

Tibor M. Ridegh, *Redakteur dieses Heftes, moderierte das Gespräch,* **Julia Kramer** *übersetzte,* **Sabine Wenzel** *fotografierte.*

Das „Ballett der Kräne" zur Musik von Tschaikowsky und Pink Floyd war eine Künstleraktion. Die „Junge Stadt" auf der Werft ist Zukunftsmusik

Text: Swantje Strieder, Fotos: Peter Rigaud

Der Streik von 1980 schweißte sie zusammen. Mihail hat viele der Werftarbeiter fotografiert. Früher sahen sie optimistischer aus

Im Dock der Künstler und Kumpel

Sie sind sich nicht gerade grün, die alten Schiffbauer und die jungen Bohemiens. Noch ist offen, wem die Zukunft gehört auf der angeschlagenen Danziger Werft

Mihail, den erkennt man leicht an seiner langohrigen Russenmütze und Monika an der rostroten Punkfrisur und den Piercings", sagt der Pförtner der Danziger Werft. Im Übrigen sehe ja ein Blinder, dass das Pärchen nicht zu den 3000 Werftarbeitern gehöre. Die beiden bummelten Händchen haltend über die Kais, während die Kumpel von der Solidarność ihre harte, gefährliche, wunderbare Drecksarbeit machten, nämlich Schiffe bauen.

Aber Mihail und Monika, die seien okay. Da gäbe es ganz andere Typen in dieser Künstlertruppe, die sich wie eine

Bożena Eltermann (links) plante mutig ins Blaue hinein. Mit Anna und Katarzyna eröffnete sie das Ballettstudio „tranquilo“

Auf der Werft wird gestanzt und getanzt

Kolonie scheckiger Elstern auf der Werft eingenistet habe und sich weder durch Händeklatschen noch durch Beschimpfungen vertreiben ließen, weil sie hier dummerweise ganz legal wohnten. So etwas habe es, als die Danziger Werft noch Lenin-Werft hieß, nicht gegeben: Rauschebärte, Rastatypen oder Rockmusiker, die lässig zwischen all den grimmigen Männern mit schwieligen, verölten Händen durch das blaue Werkstor schlenderten – durch Tor II, das beim Werftarbeiter-Streik 1980 Weltgeschichte machte.

„Die Werft ist cool und sie ist unser Zuhause“, sagt Monika, die mich durch die Welt der alten Docks führt, durch silbrig schimmernde Pappelalleen, über verwaiste Gleise, vorbei an efeubewachsenen Schuppen. 73 Hektar morbide Schönheit. Natürlich könnte ich mich auch an den dinosaurierhaften Kränen, die sich wie von Geisterhand bewegen, oder am Lärm in den wenigen Hallen, wo noch Schiffsleiber geschweißt werden, orientieren, aber der größte Teil der Werft liegt im tiefen industriellen Dornröschenschlaf. Nur in der Künstlerkolonie, einem kahlen Bürobau der Sechziger, ist was los.

Der direkte Weg zu den jungen Bohemiens führt hinter dem Werkstor rechts durch den Garten des Solidarność-

„Ola“ Olszewska und ihr Kiosk sind legendär. Als konspirative Börse in den Tagen des Streiks

Auf schwimmender Basis. Stanisław Kamiński i

Solidarność ist retro für Monika. Für Ola nicht

Museums, wo Plastiken, Fotos und ein Spähpanzer von den dramatischen Tagen der polnischen Gewerkschaftsbewegung zeugen. „Das hat nichts mit uns zu tun“, sagt Monika spitz, aber dann genießt sie doch den historischen Schauder: „Genau hier war es, hier haben sie den jungen schnauzbärtigen Lech Wałęsa nach dem siegreichen Streik auf die Schultern gehoben.“ Damals am 31. August 1980, der Geburtsstunde der Solidarność-Bewegung. Die Bilder, auf denen die aufständischen Arbeiter ihre Arme zum Victory-Zeichen reckten, gingen um die Welt. „Komisch, da war ich ja noch gar nicht geboren“, sagt die 22-Jährige und fährt sich durch die Punkfrisur.

Längst ist Lech Wałęsas viriler Schuhbürsten-Schnurrbart eisgrau geworden. Das Intermezzo des Helden als erster Präsident im postkommunistischen Polen? Naja. Das Schiff Solidarność schlingert durch schwere See, die Werft, das Herz der Bewegung, ist von 16 000 auf knapp 3000 Arbeitsplätze geschrumpft, der Pleite näher als dem Überleben. Alte Solidarność-Mitglieder treten aus, junge Polen halten die erste freie Gewerkschaft des

er letzte Helmtaucher der Danziger Werft

Monika: Die Werft ist ein aufregendes Zuhause

Ostblocks für völlig retro. Wałęsa wer? heißt es in der Künstlerkolonie, soll der doch angeln gehen! „Aber frag mal Ola", rät mir Mihail. Frau Olszewska, die Kioskfrau beim Werftarbeiterdenkmal, sei eine lebende Chronik der Solidarność – und eine Art Großmutter der Danziger Werft.

Ola, die muntere Endsiebzigerin mit dunkelrot ondulierten Haaren, lädt Monika oft zum Tee in ihren winzigen Kiosk. Hier tönt weihevoll der erzkatholische Sender *Radio Maryja*, der Innenraum ist ein Solidarność-Schrein, neben Kioskware voll gestopft mit Papst- und Marienbildchen, Wałęsa-Kugelschreibern und einem Solidarność-Poster mit Nastassja Kinski. Gegenüber dem Kiosk steht, mit Blumen und Kränzen geschmückt, das Denkmal von 1980, drei Anker mit gekreuzten Masten. Die Blumen kauft Ola von ihrem eigenen Geld. „44 Menschen sind bei den Aufständen gegen die Kommunisten umgekommen", sagt sie bitter. Viele der Opfer wie die junge Poetin, die einfach nur Flugblätter verteilte, habe sie gut gekannt. „Vielleicht habe ich deshalb ein Herz für euch Künstler." Für einige zumindest. „Aber wehe, wenn deine Punkfreundin Krystyna sich wieder mit 'ner Bierdose ans Denkmal setzt ! Die jage ich mit dem Besen weg wie damals die Männer von der Geheimpolizei!"

Olas Lieblingkatze, die Getigerte, streicht heran und landet mit grazilem Sprung auf dem Tresen. Die alte Frau füttert nämlich alle wilden Katzen der Werft. „Mieze, hast du 's gut bei Großmütterchen Ola", brummt ein älterer Mann im Drillich, bevor er um eine Packung Kekse bittet. „Kann ich bei dir anschreiben lassen, Ola ?" fragt er dann verlegen. „Die Bosse da", er zeigt mit dem Daumen zur Werft, „die schulden uns Arbeitern zwei Monatslöhne. Ob Kommunismus, Kapitalismus oder jetzt die EU, ist doch alles gleich besch…" Vor einer Dame traut er sich nicht zu fluchen.

Mihail war der Erste; der 25-jährige Fotostudent zog 2001 ins alte Bürohaus auf die Werft, Freundin Monika folgte. „Ein aufregendes Zuhause, wo Strom, Wasser, Heizung nicht selbstverständlich sind", sagt sie und legt nasse Socken auf die Heizspirale, die trotz Frost wieder nur lauwarm ist. „Dafür aber spürt man den heißen Atem der Geschichte."

Stapellauf war gestern. Morgen kommt die Hafencity

Die Schweißgeräte werden Laptops weichen. Die klassische Industrie verschwindet auch in Danzig. Wie schon 13 000 Werftarbeiter

Anfangs ging's auf der Werft wie auf einem Militärstützpunkt zu. Die „Hippies" wurden von den Pförtnern besonders scharf gefilzt. Alkohol ist auf dem Werftgelände verboten, von Joints ganz zu schweigen. Inzwischen ist der Ton lockerer geworden und Mihail hat nicht nur Ola samt Kunden und Katzen, sondern die halbe Werft fotografiert: Schweißer, Elektriker, Maler, Entroster, Helmtaucher – es ist die Dokumentation einer untergehenden Welt. Irgendwann kamen auch die brummigsten Wachmänner zu Mihail ins Studio: „Junge, machste uns mal Passfotos?"

Rock und Rasta. DJ Snake ist einer der Vorboten der „Jungen Stadt". Doch auch er verdankt dem Kampf der Werftarbeiter seine Freiheit

Mihail und Monika leben im vierten Stock der Kolonie; die Flure sind mit Nintendo-Drucken, abstract art, Zeitungsklippings und Holzplastiken, komponiert aus alten Türen, bestückt. Die Wohnungen sind klein und karo einfach. Neben dem Labor bewohnen Mihail und Monika noch einen kleinen Salon mit bonbonrosa Wänden und gemütlichen Oma-Sofas.

Durchs Fenster heben sich die Werftkräne wie eiserne Ritter gegen den orangeroten Winterhimmel ab. „Einer von uns hatte 'ne tolle Idee: ein Ballett der Kräne zu Musik, Tschaikowsky und Pink Floyd", sagt Mihail und zeigt auf die Kolosse. Die Generalprobe, die Dramaturgie, die Musik, alles klappte. Die Kranführer ließen die eisernen Vögel zur Lautsprechermusik Balztänze aufführen, hatten richtig Spaß dabei. „Aber plötzlich zog der Werftmanager die Genehmigung zurück", erzählt Monika, „behauptete, übergangen worden zu sein." Auf der Werft wird gearbeitet und nicht getanzt!

Doch es gibt große Pläne für die Docks. Danach sollen hier schon bald keine Containerschiffe mehr, sondern Büros, Lofts und Shoppingmalls gebaut werden. „Mlode Miasto", Junge Stadt, soll die schöne neue Welt heißen, die

Ein Paravent der Avantgarde und Tomasz Kopcewicz, einer der Gastkünstler von „Synergia 99“

Bildhauer Grzegorz Kłaman provoziert gern. Nur mit den Danziger Spießern will er nichts zu tun haben

Planer und Manager proben die Zeitenwende

die polnisch-amerikanische Investorengruppe „Synergia 99“ plant. Sie kaufte 73 der 137 Hektar des Werftareals und wirbt um Investoren.

„Danzig muss wieder ans Wasser wachsen“, sagt Roman Sebastyański, einer der adretten Manager. „Mit einer Hafencity, wie uns das Baltimore, Boston und Rotterdam vorgemacht haben. Hamburg ist wohl auch gerade dabei?“ Wir sitzen in einem gründerzeitlichen Backsteingebäude, das als Kontor der Kaiserlich-Preußischen Werft schon bessere Tage gesehen hat. „Das Industriezeitalter ist vorbei“, seufzt der Synergia-Mann, 20 Jahre später als in Westeuropa habe die Schiffsbaukrise auch Polen erfasst. „Schauen Sie“, sagt der Architekt und beugt sich über ein Modell, „hier kommt die Freiheitspromenade hin, das Geschäftszentrum in die Wallstraße, klingt nach Wallstreet, nicht wahr? In den Kasematten…“ – in den was? – „da, wo Hitler seine U-Boote bauen ließ, entstehen Büros.“

Architekten aus dem In- und Ausland entwickelten in Workshops mehr als zwei Dutzend Projekte. Dazu gehören ein Technologiepark, für den es bereits einen Vertrag mit einem Hamburger Unternehmen gibt. Dänische Investoren planen ein Geschäfts- und Bürozentrum, das mit Hotels und Apartments durchmischt sein soll – ein Konzept gegen den Tod der neuen Waterfront nach 18 Uhr.

Pech nur, dass die ohnehin marode Danziger Werft ihre einzige Schiffsrampe mit Millionenkosten auf die gegenüberliegende Ostrowo-Insel verlegen müsste. Weshalb die Solidarność absolut nichts von der „Jungen Stadt“ hält und die Politiker die Entscheidung stets aufs Neue vertagen.

So kam Manager Sebastyański, der als Student großer Rockgitarrist war, auf eine geniale PR-Idee und bot zwei Dutzend jungen Künstlern bis zum Bau der „Jungen Stadt“ kostenloses Quartier an. „Es ist mir ganz egal, wie gut ihr seid“, sagte Sebastyański, als die ersten Bildhauer, Maler, Komponisten, Heavymetal-Rocker, Computerdesigner, Tänzerinnen und Theatermacher einzogen, „das ist eure Chance, macht was draus!“

Das taten sie. In der bizarren preußischen Direktorenvilla experimentiert nun das ZNAK-Theater. Einige Stars kamen auch. Bożena Eltermann, eine der besten polnischen Solotänzerinnen, machte mit ihrer Gruppe „tranquilo“ ein Ballett-Studio auf, wo sie Jazz Dance, brasilianische Capoeira, Ausdruckstanz, Stretching und Sivananda-Yoga unterrichtet. Bożena hat in Berlin gelebt und auf großen Festivals wie Edinburgh, Spoleto und Charleston getanzt, aber dann zog es sie heim nach Danzig. „Ein eigenes Studio war immer mein Traum“, sagt die lebhafte Künstlerin und durchschreitet stolz ihre frühlingsblaue Halle mit Schwingboden. Als nächstes plant sie mit ihren Freundinnen Anna und Katarzyna ein eigenes Stück: „Woman's body suits you“– Dein Frauenkörper steht dir! Ob die drei auch

Tomek Lipnicki, Star der Hardrockband Lipali und Hafenarbeiterkind, spürt noch die Aura der Werft

Auf dem Weg aus der alten Welt der Docks. Solidarność hatte sich die Zukunft anders vorgestellt

hier auftreten? Da guckt mich die Primaballerina an, als habe sie sich verhört. „Wir treten nur in big places wie Zopot oder Gdynia auf – oder sind wir kleine Mädchen?"

„Kunst macht frei", steht an der Wand der zugigen Halle, wo sich der Bildhauer Grzegorz Kłaman mit seiner Werkstatt „Modelarnia" niedergelassen hat. Der Kunstprofessor mag es, wenn seine Besucher zusammenzucken, weil sie sich an das KZ-Motto „Arbeit macht frei" erinnert fühlen.

Für seine Studenten ist Kłaman ein Genie, für den Danziger Stadtrat ein agent provocateur, er selbst fühlt sich als Verfolgter des schlechten Geschmacks.

Nach dem Ende des Kommunismus glaubte der Professor an die Morgenröte der Kunst, richtete seine Werkstatt „Modelarnia" auf der Danziger Halbinsel Wyspa ein, scheiterte, kreierte das Zentrum für Moderne Kunst, bis ihm die Behörden auch hier den Geldhahn abdrehte.

Eine seiner Studentinnen, Dorota Nieznalska, wurde zu sechs Monaten gemeinnütziger Arbeit verurteilt, weil sie es gewagt hatte, einen gekreuzigten Christus mit Penis darzustellen. Eine Anspielung auf den real existierenden polnischen Machismo. „Jetzt bin ich hier", sagt Klaman, „lieber friere ich mir hier im Winter die Finger ab, als länger die Schikanen der Danziger Spießer zu ertragen."

Aus dem Keller der Künstlerkolonie dröhnt Hämmern, Knallen, Fiepen, Ächzen und Klingeln – Fortsetzung von Werftlärm mit anderen Mitteln. Tomek Lipnicki, Polens angehimmelter Rockstar der Gruppe Lipali, probt mit seiner neuen Heavy Metal Band. Gitarrist Adrian ist extra aus Breslau angereist, um einmal mit seinem Idol Tomek zu proben. Die Wände sind mit Tausenden von Eierkartons isoliert, über dem Mischpult lächelt Mona Lisa mit einem Joint im Mund. Der glatzköpfige Bandleader dreht uns gerade den Rücken zu, so dass das Christuskreuz-Tattoo an seinem Hinterkopf geheimnisvoll leuchtet. Ist es nicht schade, dass Werftarbeiter und Künstler keine Gemeinsamkeiten haben? „Sind halt Scheißzeiten. Ich weiß, wie die Kumpels sich fühlen", sagt Tomek, „bin ja selbst Arbeiterkind aus Danzig-Nowy Port." Dann wummern die Jungs los, dass die Spitzendeckchen auf dem roten Sofa zittern.

Abends ist Party. Im Morgengrauen wanken die letzten Gäste zum blauen Tor II hinaus, während die ersten Werftarbeiter gähnend zur Frühschicht antreten. Die Getigerte streicht durchs Gitter und landet mit grazilem Sprung auf dem Kiosktresen. Sie wartet auf Ola. □

Swantje Strieder, *freie Journalistin aus Hamburg, wurde sich während ihrer Recherche immer wieder bewusst, dass auf diesem Gelände eine Veränderung der Welt begann.*
Peter Rigaud, *Wiener Fotograf, freute sich über die unkomplizierte Offenheit der Künstler und Werftarbeiter.*

HEUER & SACHSE

Viele Grüße aus Jastrzębia Góra

Polen sind fröhlich, freundlich und entspannt. Auf jeden Fall in den Sommerferien an der Ostsee. In Jastrzębia Góra (Habichtsberg) blieben sie bisher fast unter sich. Fahren auch Sie hin, genießen Sie das pralle polnische Badeleben und gewinnen Sie neue Freunde oder eine Sommerliebe aus Warschau oder Kattowitz!

Text: Thomas Urban, Fotos: Peter Hirth

Gleißend steigt die Sonne aus der Ostsee empor. Silbern kräuseln sich die Schaumkronen, überschlagen sich. Die ersten Möwen segeln über das Kliff. Mit spitzen Schreien stoßen sie auf den Strand hinunter. Dort finden sie ihr Frühstück, hacken in Chipstüten und streiten sich um Pizzareste. Ein Strandschläfer krabbelt aus seinem Schlafsack. Dies ist die Stunde der Müllmänner von Jastrzębia Góra. Sie treten ein noch schwach glimmendes Lagerfeuer aus, werfen Bierdosen, Wodkaflaschen, Pappteller in einen blauen Plastiksack und einige Schaufeln Sand auf den schwarzgrauen Aschefleck. In wenigen Stunden wird man diesen Strand nicht wiedererkennen.

Für Beata und Dorota ist es Zeit, ihre Strandbude aufzuschließen. Sie ziehen die Fensterläden hoch, stellen Sonnenschirme auf, legen Tuben mit Sonnencreme, einen Spielzeugtraktor aus Plastik, Tüten mit Erdnüssen und Pistazien auf die Theke, schließen die elektrische Registrierkasse und den CD-Player an. Es ist eigentlich nicht ihre Bude. Beata und Dorota kommen aus Kattowitz, studieren dort Pädagogik. Nun, in der Saison, arbeiten sie für 80 Złoty (20 Euro) am Tag am Strand von Jastrzębia Góra, 650 Kilometer vom oberschlesischen Kohlenpott entfernt, am nördlichsten Punkt Polens.

Der Name bedeutet auf Deutsch Habichtsberg. „Das klingt romantisch", sagt Dorota. „Ist es aber nicht", fügt Beata hinzu. Die jungen Frauen müssen bei Sonnenaufgang aufstehen, doch sie haben keinen Blick dafür, wie sich die ersten Sonnenstrahlen golden auf den Wellen der Ostsee widerspiegeln. Ihre Bude steht zwar direkt am Strand, aber nur einmal am Tag können sie kurz ins Wasser springen, dann, wenn sie Pause haben.

Piotr und Andrzej, ihre Freunde, sehen Dorota und Beata fast gar nicht. Der eine arbeitet in der Küche einer Pizzeria, der andere kellnert in einem der vielen Biergärten. Das gemeinsame Quartier ist fast zwei Kilometer vom Strand entfernt. Ein näheres können sie sich nicht leisten, denn je dichter die Pensionen und Privatquartiere zum Meer liegen, desto teurer sind sie.

Zurzeit wohnen in jedem Zimmer der vielen Häuschen, die in den letzten Jahren eilig hochgezogen wurden, mehrere Personen. Im Winter leben gerade 700 Menschen auf dem Kliff, im Sommer sind es, wenn das Wetter schön ist, rund 20000. Auf den Wäscheleinen und auf den Balkonbrüstungen flattern morgens bunt die Handtücher, Badehosen und Bikinis. In den Höfen und Vorgärten stehen dicht gedrängt Autos mit Nummernschildern aus ganz Polen. Man fragt sich, wie die da wieder rauskommen. Aus den Fenstern ziehen Gerüche von Kohl, Fisch, Braten. Nicht alle Urlauber können es sich leisten, mit der ganzen Familie täglich in eine Pizzeria, einen Biergarten mit Schaschlikgrill oder eine Fischbräterei zu gehen.

Dorota und Beata wollten mit Piotr und Andrzej unbedingt nach Jastrzębia Góra. Das Seebad gehört

Ob mit oder ohne Monster, am Strand ist's immer bunt. Wenn Sie baden wollen, müssen Sie Ihr preiswertes, aber zweckmäßiges Quartier früh verlassen, um irgendwie ans Wasser zu gelangen

Wie überall, können Sie auch in Jastrzębia Góra die gehobene Küche nicht unbedingt auf dem Rastplatz erwarten. Doch es gibt ein originelles Lokal, in dem nicht mal die Preise abheben

Außer Heiligenbildchen und Bernsteinschmuck sowie Angeboten eher für die Nacht gibt's auch Postkarten mit Motiven einer unvergesslichen Sommerfrische an der See

zu den heißesten In-Destinationen junger Leute, in der Kattowitzer Szene redet jeder davon. Doch nun kommen die beiden Studentinnen kaum dazu, ihre grellbunten Bikinis vorzuführen.

Auf der Rangliste der polnischen Ostseebäder, die von der Zeitschrift *Polityka* erstellt wurde, belegt Jastrzębia Góra nur den 24. Rang. Die Jugend stört es nicht. Sie braucht keine Strandpromenade, keinen Park mit Musikpavillon, schon gar nicht ein Kurhaus, wie es das in den nobleren Badeorten Swinemünde (Świnoujście) auf Usedom und in dem wieder mondän werdenden Zoppot (Sopot) gibt, wo die polnischen Schickeria ihren Auftritt hat.

In Jastrzębia Góra sieht man keine Urlauber mit Clubjacke, Kapitänsmütze und Frauen mit Hut und Stöckelschuhen, die an den zahlreichen Andenkenläden vorbeistolzieren und Badenixen aus rosa Porzellan, bemalte Teller oder dicke Bernsteinketten, echte wie falsche, begutachten. „Solchen feinen Pinkeln würden wir sehr schnell Beine machen", prahlt ein tätowierter Muskelmann. Er kommt seit ein paar Jahren mit seinem Motorradclub für ein, zwei Wochen in den Ort, je nachdem, wie das Wetter ist. „Schade, dass wir mit unseren Maschinen nicht mehr durch den Sand pflügen dürfen", meint er mit Blick auf seine Kawasaki.

Gerade rechtzeitig haben Beata und Dorota die Tiefkühltruhe mit dem Eis am Stil und den Kühlschrank für die Bierdosen aufgeschlossen. Die ersten Familien kommen an den Strand. Noch können die Mädchen zwischendurch verschnaufen, die anstrengende Kundschaft taucht erst gegen Mittag auf, wenn die Sonne hoch am Himmel steht. Vorausgesetzt, sie scheint. Wenn es bewölkt ist, regnet und kalt wird, ziehen Dorota und Beata dicke Pullover über. Dann zeigen sich am Strand nur Großfamilien, die am Ufer unter dem Kliff entlangwandern, und Pfadfindergruppen, die auch im Regen Völkerball spielen. An solchen Tagen werden meist nur ein paar Dutzend Becher heißer Tee und ein paar Gläser Glühwein verkauft.

Doch meist ist das Wetter gut, wie die in allen Farben, in zartem Rosa, Sonnenbrandknallrot und afrikanischem Braun am Strand liegenden Bikinimädchen demonstrieren. Kinder bekommen ein paar Złoty in die Hand gedrückt, um den Riesenrutschbaum aus aufblasbaren Gummikissen auszuprobieren. Die Stimmung erinnert ein bisschen an Rimini 1962. Oben auf dem Kliff, wo es einen wunderschönen Höhenweg mit bester Sicht auf die See gibt, startet ein Wagemutiger mit seinem Gleitschirm. Landeinwärts setzt sich der Ferienrummel vor allem an der großen Lindenallee mit ihren Läden, Buden und Kiosken fort.

Das Meer ist für viele der jungen Leute eher Nebensache. Beata sagt knapp: „Viel zu kalt." Man kann immer nur ein paar Minuten im Wasser bleiben, selten ist es wärmer als 19 Grad. Auch ist Salzwasser ja nicht gut für die Schminke, die viele der Schönen aus Warschau, Łódź und Kattowitz schon am Morgen aufgelegt haben, und auch nicht für die Bikinis, die raffiniert geschnittenen Einteiler und die superknappen Tangas.

Letztere führen manche der Mädchen lieber spektakulär am Abend vor. Wenn im Biergarten, in dem Andrzej arbeitet, „Miss Po" oder „Miss Busen" gekürt werden. Zwei Dutzend Kandidatinnen tänzeln den Laufsteg hinauf und hinunter. Je schmaler der Tangastrip auf dem Laufsteg, desto breiter die Zustimmung und umso lauter das Johlen aus hunderten Männerkehlen, durch die meistens schon reichlich Żywiec und EB, die polnischen Massenbiere, geflossen sind. Der Hit: Bier mit Strohhalmen aus einem Eimer trinken.

Eine Disco ist schnell organisiert: Man braucht ein Grundstück, ein aufrollbares großes Zeltdach, einen Getränkeausschank und eine Musikanlage mit mannshohen Lautsprechern. Wenn die Sonne im Westen im Meer versunken ist, werden die ersten Anlagen aufgedreht. Bis zum Morgengrauen hämmert und dröhnt in Jastrzębia Góra von allen Ecken und Enden die Hitparade rauf und runter, internationale Songs und polnischer Rock. Nahezu textilfreie Mädchen, muskulöse Burschen in gerippten Unterhemden und schwitzende, vorübergehend beurlaubte Familienväter mit sich über dem Bauch spannenden T-Shirts machen die Nacht zum Tag.

Beata und Dorota aber bekommen davon kaum noch etwas mit. Nach ihrem langen Tag in der Strandbude sind sie meistens viel zu müde, um sich noch in das pralle Nachtleben auf dem Kliff des Habichtsbergs zu stürzen. Sie schlafen sofort ein und werden auch nicht wach, wenn ihre nach Zigarettenqualm, Bratenfett und Bier riechenden Freunde kurz vor Morgengrauen ins Quartier kommen. Eine Stunde später klingelt der Wecker der beiden Mädchen, und dann geht die Sonne wieder über der Ostsee vor Jastrzębia Góra auf. □

Thomas Urban, *Korrespondent der* Süddeutschen Zeitung *in Warschau, kommt lieber im Winter her. Zum Wandern unterm Kliff im Schnee.*

So nah und so fern:

Eine Stunde westlich von Danzig verstand unsere polnische Autorin die Fischverkäuferin nicht mehr. Es war keinesfalls ihre einzige neue Erfahrung in diesem halb vergessenen Land, das Schnittpunkt dreier Kulturen war oder sogar noch heute ist

Text: Magdalena Sacha, Fotos: Klaus Bossemeyer

An der Steilküste bei Jastrzębia Góra (Habichtsberg) stürzt sich die Kaschubei wirkungsvoll ins Meer

Die Kaschubei

Eingeklemmt zwischen Pommern und Danzig liegt ein Land, deren Menschen nicht Polen, nicht Deutsche sein wollten, sondern Kaschuben

Der Regen war stark. Der Regen war so stark, dass er sich innerhalb von Stunden in ein gewaltiges Hochwasser verwandelte. Meine Gedanken kreisten um ein Bewerbungsgespräch, das mich am nächsten Tag in der Kaschubei erwartete. Man muss schon etwas Offizielles bei einem Treffen mit einem kaschubischen Grafen anhaben, wenn man Museumsleiterin werden will. Also kaufte ich mir einen langen Rock in einem italienischen Geschäft am Danziger Hauptbahnhof. Menschenmassen standen an den Haltestellen und warteten vergeblich auf Busse und Straßenbahnen.

Wer wusste schon, dass die Danziger Ratsherren seit dem 17. Jahrhundert regelmäßig versäumten, die Deiche am Radaune-Kanal zu reparieren? Heute nahm die Radaune Rache für die ewige falsche Sparsamkeit. Ich ging sieben Kilometer zu Fuß nach Hause, bis zum Knie im Wasser, eine Tasche mit dem neuen Rock in der Hand. In dieser Julinacht 2001 sind in Danzig fünf Menschen ums Leben gekommen.

Die Radaune (Radunia) ist normalerweise ein friedliches Flüsschen, das aus der Kaschubei nach Danzig plätschert. Dem Radaunensee (Jezioro Raduńskie) entsprungen, umfließt sie die Hügel der Kaschubischen Schweiz, durchquert kleine Seen und bummelt zur Danziger Niederung. In Praust (Pruszcz) zweigt der Radaunekanal ab und nimmt den direkten, schnelleren Weg nach Danzig. Dort, in der Altstadt, trieb das kaschubische Wasser einst die Große Mühle aus der Zeit des Deutschen Ordens an und wurde für das viel gepriesene Danziger Schwarzbier verwendet.

Am Tag nach der Flut schien die Sonne, als sei nichts passiert. Ich fuhr in die nördliche Kaschubei, so nah und doch so entfernt, wo keiner von der Rache der Radaune wusste – in ein Land, das ein Geschenk für den Engel der Kaschubei war. Als Gott die Erde erschaffen hatte, war der Engel traurig, dass sein Land nur aus Sand bestand. Doch der Herr spendierte eine Kiste mit silbernsten Seen, blauestem Meer und fruchtbarsten Böden, die er über der Kaschubei ausschüttete. Bis heute zeigen die Kaschuben dem lieben Gott ihre Dankbarkeit mit überfüllten Kirchen.

Die Grenzen der Kaschubei sind fließend. Das Land des kleinen westslawischen Volkes reicht etwa von der Nordsüd-Linie Stolp (Słupsk) – Schlochau (Człuchów) bis zur Danziger Niederung, im Norden verläuft es sich an den goldenen Ostseestränden zwischen Stolpmünde (Ustka) und der Halbinsel Hela (Hel). Die Landschaftsbilder wechseln zwischen Sandböden mit blitzenden Seen und waldbestandenen Moränenhügeln, die dem Gebiet rund um Kartuzy (Karthaus) zu Recht den Namen „Kaschubische Schweiz" eintrugen. Wo früher kleine Höfe mit ein paar Kartoffel- und Getreideäckern, einer Kuh und wenigen Schweinen nur eine karge Existenz erlaubten, wird inzwischen mit Bauernhofferien etwas Geld dazuverdient.

Die meisten Touristen jedoch zieht es an die kaschubische Küste. Ich kann ihnen nur raten, genügend Wasser mitzunehmen. Denn was westlich des ehemaligen Fischernests Leba (Łeba) beginnt, ist eine Wüste, und es kann einsam werden in der unendlichen Dünenlandschaft des Slowinzischen Nationalparks (Słowiński Park Narodowy) um den 42 Meter hohen Lontzkenberg (Łącka Góra). Hier treibt der Ostseewind den Sand jedes Jahr bis zu zehn Meter weit landeinwärts, wo er Kiefernwälder und Feuchtgebiete erstickt.

So weit nach Westen fuhr ich an diesem Tag nicht. Leba ist auch kein kaschubisches Städtchen mehr, seit die protestantischen Slowinzen im Laufe der fünfziger Jahre ihre Heimat hinter dem Lebasee Rich-

Zwischen den grünen Hügeln der Kaschubischen Schweiz. Weit und breit keine Industrie, die die sauberen Seen gefährden könnte

In der Wüste an der Küste Hinterpommerns. Weit ist der Weg nach Leba und zum nächsten Mineralwasserdepot

tung Deutschland verließen. Nur der Friedhof in Klucken (Kluki) sagt leise die alten Namen auf.

Der große Mann mit blauen Augen, der mich mit einer Tasse Kaffee vor dem Schloss in Krockow (Krokowa) erwartete, sprach mehrere Sprachen. Aber ich sprach kein Kaschubisch und er wollte sein Polnisch nicht bemühen – also musste ich mein schüchternes Deutsch einschalten. Ulrich Graf Krockow wollte von mir wissen, ob ich interessiert sei, die Geschichte der Kaschubei in dem kleinen Regionalmuseum von Krockow aufzuarbeiten. Seine Familie, die zum ersten Mal 1288 erwähnt wurde und bis 1772 den stolzen Namen Krokowski trug, musste 1945 raus. Zum ersten Mal seit 700 Jahren schlug das für die Grenzfamilien typische Anpassungsmuster fehl: Die kaschubischen Krockows waren den Polen zu deutsch geworden. Erst die politische Wende von 1989 erlaubte dem Senior, Graf Albrecht, die Rückkehr und machte es möglich, zusammen mit der Gemeinde Krokowa das alte kaschubische Schloss Krockow wieder aufzubauen – und auch eine deutsch-polnische Begegnungsstätte.

Hier, eine Stunde von Danzig entfernt, war ich plötzlich in einer Welt gelandet, wo ich nicht mal die Fischverkäuferinnen verstand. Kaschubisch ist eine westslawische Sprache, die noch vor 100 Jahren aus mehr als 70 Dialekten bestand und bis heute von Dorf zu Dorf variiert.

Am nahen Strand von Dębki (Dembeck) spielen Sprachen keine Rolle, das Rauschen der Ostsee und die Klänge von House-Musik übertönen alle Unterschiede. Urlauber aus ganz Polen und immer mehr aus dem Ausland aalen sich, Kiefernwäldchen und Dünenketten im Rücken, an dem unendlichen goldenen Ostseesaum Kaschubiens. Ein Traum von Strand- und Badelust.

Bis 1939 war hier ein Grenzübergang: Zwischen den verschiedenfarbigen Uniformen der polnischen und der deutschen Zöllner, zwischen den Schildern mit dem weißen und dem schwarzen Adler floss, von den Piasnitzer Wäldern und vom Zarnowitzer See (Jezioro Żarnowieckie) kommend, ein Bach namens Piasnitz (Piaśnica) in die Ostsee. Hier wurden Fotos geknipst, Tabak und Wodka geschmuggelt, auf Kaschubisch, Polnisch und Deutsch gestritten. Bis dann der Herbst und der Winter 1939/40 kamen, in dem die SS 12 000 Verfolgte und Gegner des Dritten Reiches in den grünen Wäldern von Piasnitz ermordete.

Als die ersten Schüsse des Zweiten Weltkriegs an der deutsch-polnischen Grenze in Dębki fielen, war Jadwiga Kirkowska aus Starzyno (Groß Starsin) gerade vier Monate alt. Die viel gefragten DJs aus Warschau, die heute tagsüber gelangweilt mit einem Glas Bols-Wodka in der Hand am sandigen Ufer der Piasnitz liegen, interessiert die Vergangenheit nicht sonderlich. Und Frau Kirkowska liegt nicht am Strand, weil es im Sommer immer so viel zu tun gibt. Sie hört wahrscheinlich weder House noch Hip-Hop, aber man könnte bei ihr einige wehmütige kaschubische Volkslieder lernen. Wie jedes Jahr organisiert die frühere Schuldirektorin und heutige Abteilungsleiterin des Kaschubisch-Pommerschen Vereins Anfang Juli ein Volksfest mit kaschubischen Musikkapellen auf dem Dorfplatz in Wierzchucino (Wierschutzin). Hunderte von Leuten fahren hin, hören den Mu-

Die Krockows kehrten zurück. Bauten mit der Gemeinde Krokowa das Schloss wieder auf. Ein Stück Zukunft

Graf Ulrich machte aus Schloss Krockow ein Kulturzentrum für europäische Begegnungen

sikanten zu, essen dicke Brotscheiben mit hausgemachtem Schmalz und sauren Gurken, quatschen über Familiendinge und diskutieren über die EU.

Auch ich will heute nach Wierzchucino, aber in Dębki hat die Polizei mein falsch geparktes Auto blockiert. Habe ich denn nicht für das Polizeirevier in Krokowa Briefe kostenlos ins Deutsche übersetzt, damit unsere Beamten an einem Polizeimarsch in der Partnergemeinde Schweich an der Mosel teilnehmen können? Ich weine in mein Handy hinein. Die Polizisten kommen blitzschnell. Ich will heute noch nach Wierschutzin und sie wollen an die Mosel. Dort auch lebt der alte Graf Albrecht von Krockow, der für die Partnerschaft zwischen seiner alten und seiner neuen Heimat gesorgt hatte.

Wierzchucino ist ein großes Bauerndorf mit alten Häusern und einer schönen Mühle. Hier beendete 1945 die 14-jährige Eleonore Gorcels gerade die deutsche Volksschule. Keiner weiß, was dieses ernsthafte Mädchen, das nach dem Tod des Vaters die Verantwortung für die Familie übernahm, im März '45 in dem der Sowjetarmee ausgelieferten Dorf gesehen hat.

Heute strahlt Eleonore Doering – das Mädchen von damals – freundliche Gelassenheit aus. Sie hat eine schöne Gästepension, leitet die deutsche Minderheit in Wierschutzin und ihr Sohn wurde zum Bürgermeister gewählt. Eleonore ist 1945 nicht ausgewiesen worden.

Geholfen hatte der Zufall: Mikołaj Gordziej, ein polnischer Zwangsarbeiter, hatte sich in ein deutsches Mädchen verliebt und wollte seine Nachbarn vor der Aussiedlung bewahren. Bewaffnet mit seinem fließenden Russisch ging er nach Lauenburg (Lębork), um den sowjetischen Kommandanten zu überzeugen, dass die Einwohner von Wierschutzin nicht Deutsche, sondern „germanisierte Kaschuben" seien. Fünfzig Familien durften bleiben, hunderte Menschenschicksale konnten sich auf kaschubischer Erde vollenden – alle anderen mussten weg. Vor allem die, die die heilige Madonna von Tschenstochau nicht anerkannten: die Protestanten, die Mennoniten, die Fremden. Die schönen Dörfer der Kaschubei wurden leer und das Schloss derer von Krockow Sitz einer LPG.

„Ich bin Kaschubin", sagt Eleonore Doering heute mit Nachdruck, „eine deutsche Kaschubin, so deutsch wie die Slowinzen, die um den Leba-See wohnten." Schwer zu sagen, wer wirklich Kaschube ist. Mein Kollege Romek Drzeżdżon vom Kreismuseum in Putzig (Puck), einem idyllisch an der Danziger Bucht gelegenen alten Städtchen, hält Deutsch- und Kaschubentum gleichermaßen für unmöglich. Nach seiner Meinung sind die Kaschuben weder Polen noch Deutsche.

Noch in der Oberschule hat Romek ein kaschubisches Kabarett gegründet, das selbst die hochnäsigen Warschauer besuchen. Denen erzählt er vom Alltag eines kleinen Volkes, das fürs Tabakschnupfen bekannt ist und die besten Fischgerichte des Landes zubereitet. Manche sagen, lacht der Kabarettist, dass wir hier nur vorläufig unter polnischer Besetzung leben. Das sei natürlich etwas übertrieben – aber separatistische Tendenzen besonders unter den jüngeren Kaschuben gäbe es ja nun einmal.

Mich wundert das nicht. Hier in der Kreisstadt Puck residiert der Starost Artur Jabłoński, jüngster Landrat Polens. Der Historiker, Journalist und stellvertretende Vorsitzende des Kaschubisch-Pommerschen Vereins hielte es für richtig, die Kaschuben offiziell als ethnische Minderheit anzuerkennen. Und deshalb stellt Jabłoński schon mal zweisprachige Straßenschilder in seinem Landkreis auf.

Ich schnupfe ein bisschen Tabak aus einer von Romek selbst gemachten Horndose, die er nach einem Muster seines Urgroßvaters für Freunde und Touristen herstellt. Sofort muss ich niesen. – Alles klar? Eine Kaschubin bin ich nicht. □

Dr. Magdalena Izabella Sacha, *geboren 1973 in Olsztyn, leitet das Regionalmuseum in Krokowa. Sie beschäftigte sich intensiv mit dem Masurenbild deutscher Autoren. Von Wolfgang Koeppen übersetzte sie „Es war einmal in Masuren" ins Polnische.*

Die Flitterwochen sind vorbei. Jetzt brütet sie und er schafft an. Geklappert wird wie zuvor

Hauptstadt der Kalifen

Text: Juli Zeh, Fotos: Peter Hirth

Im Märchen von Wilhelm Hauff werden der Kal

Was der Dichter verschwieg: Beide besuchen jäh

Wer in Żywkowo nach oben schaut, guckt nach vorn. Noch mehr Touristen sollten zu Kulturfolgern der Störche werden, wünscht sich Bauer Andrejew

on Bagdad und sein Großwesir zu Störchen verzaubert.

ich mit großem Gefolge Żywkowo im Ermland

Die Ermländer erwarten von Meister Adebar Kindersegen. Und er von ihnen intakte Feuchtwiesen

Kinder holen sich hier nasse Füße, die Störche aber Frösche, Insekten, Würmer und Mäuse. Die Wiesen und Äcker des Ermlands sind für die Kalifen ein ideales Nahrungsrevier

Reichtum und Freundschaft in Schwarz, Weiß und Rot

Wenn man lange genug Ausschau hält, wird jede weiße Papiertüte zum Flügel und jede Mistel ein begonnenes Nest und sogar das Gezanke der Finken am Straßenrand klingt nach „Ciconia ciconia!“ – was lateinisch ist und Weißstorch bedeutet. Der Kalif unter den Flugtieren hat sich eine feudale Landschaft zur Sommerresidenz erwählt: das Ermland.

Weich und wellig wehen Feuchtwiesen zu allen Horizonten wie grüne Tücher, gelb und braun gesprenkelt von den kleinen Feldern winziger Bauernhöfe. Bäume stehen in Gruppen beisammen, als berieten sie ihre Strategie für die nächsten Spielminuten. Das Ermland schaut mit unzähligen blauen Augen in den Himmel. *Oczka wodne,* Wasseraugen“, werden die runden Tümpel genannt und man kann sich vorstellen, dass sie und ihre Umgebung voll sind von Fröschen, Mäusen, Würmern und anderen Leckereien. Ein endloser Schlossgarten für aristokratisches Federvieh.

Dicht besiedelt ist die Gegend nicht. Weite Flächen liegen brach; viele Bauernhäuser sind zu Ruinen verfallen; auf den früheren landwirtschaftlichen Großbetrieben aus kommunistischer Zeit arbeitet rund ums Jahr nur noch der Wind.

Kaum dass sich aber eine Hand voll bewohnter Höfe zum Dorf zusammenschart, sitzt das erste Storchennest, aufgetürmt wie ein wagenradgroßer Baumkuchen, auf den hohen Holmen eines Eingangstors. Obendrauf steht ein stattlicher Stelzvogel, legt den Hals zurück, bis der Kopf den Rücken berührt, und klappert mit senkrecht gestelltem Schnabel in die Luft. Sofort zeigt das Geräusch die versprochene Wirkung. Das Herz geht auf, die Mundwinkel heben sich, im Kopf schweigen die Gedanken und machen Platz für Lebensfreude, ja, für Glück.

Wo alle Straßen enden, Asphalt in Sand übergeht und Warnschilder auf die unmittelbare Nähe einer gut bewachten Grenze hinweisen – dort liegt Żywkowo, Hauptstadt der Kalifen, in Blickweite zu den Türmen der orthodoxen Kirche im russischen Bagratjonowsk. Das polnische Storchendorf besteht aus neun Gehöften, von denen sechs bewohnt sind. Leicht steigt die Sandstraße an, umarmt in einem Bogen den kleinen Ort und gleich hat man das meiste im Blick.

Links und rechts des Fahrwegs reihen die Höfe sich aneinander, immer ein solides, steingemauertes Wohnhaus aus wohlhabenden ostpreußischen Zeiten mit einigen aus Holz erbauten Nebengebäuden – Schober, Scheune, Stall und Schuppen. Es gibt keinen Laden, keinen Bäcker, keine Kneipe und Mutter Natur presst das kleine Nest so fest an ihren üppig grünen Busen, dass zuerst nur ein Blick nach oben die Anwesenheit von Menschen verrät: Der Himmel wird von Stromleitungen durchschnitten, die kreuz und quer zwischen Masten und Häusern gespannt sind. Dann aber steht der Besucher bis zu den Knien in kleinen Hunden, Hühnern, Hähnen, Enten und Katzen, die unter Beachtung der Regeln von friedlicher Koexistenz und Balance of Power in lockerer Gemeinschaft zusammenleben.
Kein Wort muss fallen, damit Żywkowo weiß, dass ein Gast angekommen ist.

Da es nur eine Straße gibt, braucht diese keinen Namen. In einem Dorf mit etwa 40 Einwohnern weiß man ohnedies, wer wo zu finden ist. Schwieriger wird das bei den Störchen. In Żywkowo kommen vier von ihnen auf jeden Menschen. Bauer Władysław

Die Heimat dieser Großvogelfreunde ist etwas abgelegen. Darum kommen sie ins Ermland

Andrejew ist mit zwanzig Nestern auf seinem Hof der unangefochtene Storchenkönig. Gleich mehrere Horste finden sich auf dem First jedes Gebäudes und die Kalifen nisten auch auf Strommasten, in den gestutzten Zweigen der Weide und auf eigens errichteten Holzpfählen, die eine Plattform tragen.

„Was ist das", fragt Bauer Andrejew, „Hinfahren, Umkehren, Wegfahren? – Das ist Żywkowo, das Ende der Welt!" So liebevoll, wie er das mit seinem wetterfesten Lachen sagt, muss es sich um ein Kompliment handeln. „Oder ihr Anfang", fügt er nachdenklich hinzu. Seine Frau Anna, blond, rosig und gesund wie ein personifizierter Werbespot fürs Landleben, erklärt, was er meint: Das Dorf ist eine Sackgasse. Hinter dem Dorf liegt die russische Exklave Kaliningrad (Königsberg) und somit eine Art Schwarzes Loch.

Als die Bewohner von Żywkowo im Jahr 1947 aus ihrer Heimat, der heutigen Ukraine, hierher in das frühere ostpreußische Schewecken gebracht wurden, gab es kein Umkehren und Wegfahren. Davon kann am besten Herr Tymiec erzählen, dessen Hof gegenüber liegt und sukzessive von einem landwirtschaftlichen Betrieb zu einer „agrotouristischen" Pension umgebaut wird. Davon zeugen ein Willkommensschild, einige lebensgroße, aus Ästen geflochtene Pferde und das aufwändig renovierte Wohnhaus. Herr Tymiec ist gelernter Landvermesser und das amtierende historische Gedächtnis vor Ort.

„Eine halbe Stunde hatten die Opfer der Zwangsumsiedlung damals Zeit, um sich von ihrem gewohnten Leben zu verabschieden", erzählt er. Die Ukrainer mussten die preußischen Höfe im Ermland übernehmen, aus denen die deutschen Familien eben erst vertrieben worden waren. „Das fröhliche Klappern der ersten drei Storchenpaare bedeutete Hoffnung und Trost", sagt Bauer Andrejew.

Wir nicken mit den Köpfen, über denen ein Storchenpaar Flügel schlagend und anschaulich demonstriert, dass der Storch auch der Störchin die Kinder bringt. Mit ausgestrecktem Arm zeigt Herr Tymiec zum Dach seiner Scheune hinauf. Von drei Nistplätzen ist nur der mittlere belegt. „Bis vor kurzem wohnten alle Störche auf der anderen Straßenseite", sagt er. „Niemand weiß, warum. Und nun kriege ich so einen eifersüchtigen Burschen, der keine Nachbarn duldet."

Tatsächlich: Während der schwarzweiße Hausherr und seine Frau ausgeflogen sind, um auf den Feldern Material für das Nest zu sammeln, wagt sich ein Jungstorch auf den First und begutachtet interessiert das Bauland hoch in der Luft. Es dauert nur Sekunden, bis sich ein Schatten, zu schnell für eine Wolke, über ihn senkt. Ein 20 Zentimeter langer roter Schnabel funktioniert auch als Florett und der Nachwuchskalif sucht entsetzt das Weite. Stolzes Klappern auf der siegreichen Seite. „Schön sind sie ja", meint Herr Tymiec und lacht, „aber einen goldenen Charakter haben sie nicht gerade."

In Deutschland hat man es schon fast vergessen: Die Beziehung zwischen Mensch und Storch ist seit Urzeiten außerordentlich eng. Herr Adebar stolziert durch die wichtigsten Fabeln, besitzt mit dem „Kalif Storch" ein eigenes Märchen und stellt natürlich die Mitarbeiter des größten Baby-Fed-Ex der Welt. Wenn das keine Vertrauenspositionen sind. Bauer Andrejew raucht eine Zigarette, die winzig aussieht zwischen seinen Wald-und-Wiesenfingern, und gibt eine Erklärung für die menschliche Storchenliebe

Anna Andrejew, deren Hof von 20 Nestern besetzt ist, weiß: Jeder vierte Storch ist ein Pole

Herr Tymiec unterhält eine kleine Pension. Er kennt die Geschichte von Żywkowo, der Leute und vermutlich auch jedes einzelnen Horstes

Gefürchtet bei den Kirchgängern von Lwowiec ist die strategische Position dieses Nestes hoch über dem Portal. Ganz Vorsichtige spannen unten einen Regenschirm auf

Nach Żywkowo zu reisen ist leicht.

Man fährt etwa bis Allenstein und von dort

Anfang April nur den Störchen hinterher

Den Luftraum über der Grenze kontrollieren Kalifen

zum Besten: Der Storch stamme nämlich vom Homo sapiens ab.

Als Gott mit der Schöpfung beschäftigt war, hatte er einen Auftrag für den bereits erschaffenen Menschen. „Nimm diese Kiste", sprach der Herr, „und schmeiß' sie von dem Felsen da ins Meer. Und nicht reingucken, hörst du?" Aber der Mensch war, wie Menschen eben sind. Er öffnete den Deckel einen Spaltbreit, um hineinzusehen. Sogleich floh allerhand Kriechgetier ans Tageslicht, Mäuse, Würmer, Frösche und Insekten, und verteilte sich über die schöne neue Welt. Der Mensch erschrak fürchterlich, ging zu seinem Schöpfer und beichtete das Vergehen.

„Idiot!" rief der Herr, verwandelte den Ungehorsamen in einen Storch und sagte: „Nun sieh zu, dass du das Zeug wieder einsammelst." Der neue Vogel stakste los und machte sich an die Arbeit. Dass er dazu so ein feines, schwarz-weißes Gewand trägt, ist wohl dem manchmal etwas merkwürdigen Humor Unseres Herrn zu verdanken. Seitdem, so heißt es im Ermland, suche der Storch die Nähe der Menschen.

Augenscheinlich vor allem die der polnischen Menschen. Während in Deutschland und Dänemark die Populationen der stattlichen Stelzvögel frappierend zurückgegangen sind, treffen sich im Ermland jedes Frühjahr große Kolonien zum Nisten, Paaren und Brüten. Mit bis zu 42 Brutpaaren ist Żywkowo der größte Standort. Insgesamt haben fast 100 000 Störche ihren Hauptwohnsitz in Polen. Anna Andrejew hat ein triumphierendes Schlagwort dafür: Jeder vierte Storch der Welt ist ein Pole!

Als Vogelfachmann hat man weniger märchenhafte Erklärungen für gefiederte Verhaltensweisen. Krzysztof Molewski schreibt eine Doktorarbeit über *Ciconia ciconia* und arbeitet als Vertreter des Nordpodlasischen Vogelschutzbundes mit vollem Einsatz daran, den polnischen Storchensommer für Mensch und Vogel so angenehm wie möglich zu gestalten. Seine Ansichten über die Storchenpsyche sind eher aufgeklärt: Während wir uns von den klappernden Hausdachgenossen Sesshaftigkeit, Glück im Leben und Kinderreichtum wünschen, verlangt der Storch vor allem gemähte Wiesen, weil er in zu hohem Gras seine Beute nicht sehen kann, frisch gepflügte Äcker voller Mäuse, Maden und Mistkäfer sowie bequeme Nistplätze auf fester Unterlage. Welche Astgabel bietet schon Platz für ein zwei Meter breites Nest, das in Extremfällen bis zu einer Tonne wiegt? Viel schöner ist es auf Dachfirsten und Elektrizitätsmasten, auch wenn erstere gern mal einsinken und letztere manchen flatternden Jungvogel das Leben kosten.

Auch auf der Kirche in Lwowiec (Löwenstein) finden sich neun Riesenhorste, wackeln bedenklich auf baufälligen Zinnen und bereiten gelegentlich der katholischen Gemeinde am Sonntag das zweifelhafte Vergnügen einer weiß-ätzenden Dusche. In solchen Fällen unterstützt der Vogelschutzbund die Sanierung von Hausdächern, baut Plattformen als Nisthilfen, isoliert Stromleitungen und hält die Ermländer davon ab, die Nester des zweitbesten Freundes des Menschen kurzerhand von ihren Dächern zu stoßen.

Trotz des in Ostmitteleuropa generell noch schwach entwickelten ökologischen Bewusstseins ist das Verhältnis von Mensch und Vogel im Großen und Ganzen freundschaftlich. Wenn die Rückkehr aus Afrika sich wie im vergangenen Jahr um ein paar Tage verzögert, weil

Die streng bewachte EU-Außengrenze zur russischen Exklave Kaliningrad (Königsberg). Die Kalifen kümmert kein Einreiseverbot

die Störche den luftkriegsgebeutelten Irak weiträumig umfliegen, schauen die Bauern besorgt auf ihre Kalender. Sie werden doch wiederkommen, erst das Männchen, dann das Weibchen, ihr Eigenheim vom letzten Jahr ausbessern und den Luftraum über den Höfen mit Leben und Liebe füllen?

Noch kommen sie. Aber Storch und Mensch in Polen teilen ein ähnliches Problem. Der Vormarsch moderner Landwirtschaft mit Monokultur auf viel zu großen Flächen, mit dem Einsatz von Pestiziden und Trockenlegung der Feuchtgebiete bedroht Lebens- und Nahrungsgrundlagen von Kleinbauern und Großvögeln. Mit Hilfe verschiedener, auch internationaler Fördermittel kauft der Vogelschutzbund so viel Land wie möglich zusammen, um die kleinen, storchengerechten Felder und Wiesen vor der Umstrukturierung zu bewahren. Żywkowo hat sogar schon einen Umweltpreis der amerikanischen Henry-Ford-Stiftung gewonnen.

Wie so häufig gibt es den Artenschutz ausschließlich für Tiere. Andrejews vier Töchter sind längst in die Stadt gezogen, nur der elfjährige Sohn lebt noch auf dem Hof; das bisschen Milch- und Getreidewirtschaft ernährt die Familie nicht. Trotzdem will nicht jeder weg. Piotr zum Beispiel, stets adrett in Schwarz und Weiß wie ein Storch, arbeitet rund um die Uhr in Herrn Tymiec' Pension und studiert „nebenher" Pädagogik an einer Fernuniversität. Er ist auch ukrainischer Herkunft und die ukrainische Schule im nahen Górowo Iławeckie (Landsberg) ist einer der größten Arbeitgeber der Gegend. „Man kann es auch hier schaffen", sagt er und zuckt die Achseln. Die Arbeitslosigkeit in der Gemeinde beträgt über 40 Prozent.

Dabei hat die Hauptstadt der Kalifen noch Glück. Die Störche locken Ornithologen, Touristen und Journalisten aus allen Teilen der Welt hierher. Żywkowos Gästebücher enthalten Einträge in den Sprachen Europas und Amerikas, aber auch chinesische und japanische Schriftzeichen sind zu finden. Am liebsten kommen die Deutschen. Andrejews haben einen massiven Storchenbeobachtungsturm auf ihr Grundstück gebaut, ein kleines Storchenmuseum eingerichtet und verkaufen Eintrittskarten für einen Złoty, umgerechnet 22 Cent. Das Haus von Herrn Tymiec mit seinen dicken Mauern, zwei offenen Kaminen und der entspannten, familiären Atmosphäre hat Platz für 14 Übernachtungsgäste. Touristen statt Tomaten. Aber jeder Schritt nach vorn ist mühsam und führt manchmal gegen die Wand. „Irgendwann bist du für Kredite zu alt und für die Rente zu jung", sagt Bauer Andrejew. Er kann sich die Einrichtung von Touristenunterkünften gar nicht erst leisten.

Das Storchengeklapper in der Abenddämmerung vertreibt alle trüben Gedanken. „Hör auf zu jammern", ruft Anna, „alles ist gut!" Die Sonne steht schon tief über den Dächern der neun Gehöfte, die Nester sind wieder ein Stück höher geworden, scharf heben sich die Silhouetten der Kalifen gegen den verblassenden Himmel ab. Man legt automatisch den Kopf in den Nacken und da ist es wieder, dieses glückliche Lächeln. □

Juli Zeh, *Schriftstellerin aus Leipzig, weiß jetzt alles über Störche und die Leute von Żywkowo, deren Sympathie sie mit ihrem Polnisch rasch gewann.* **Peter Hirth,** *in Riga lebender Fotograf, erwies sich in dem Dorf am Ende der Welt als ein Meister der Improvisation.*

>> Über Nacht in Żywkowo s. S. 136

Für die Jung-Kalifen geht's im August wieder Richtung Bagdad – und die Pappkameraden wandern in die Remise

Am Himmel gibt's immer was zu sehen. Zur Kommunionszeit ist er mit Störchen gesegnet

Die Schärfe der

Das Eissegeln ist die masurischste aller Sportarten. Wenn die Winterdecke der Seen 25 Zentimeter dick ist, reicht eine leichte Brise, und die riesigen Flächen werden zur Rennbahn

Von **Siegfried Lenz**

Natürlich soll alles leicht und schlank sein beim Eissegeln und so hatten wir Sperrholz für die Sitze genommen, Bambus für den Mast, und als Segel zogen wir eine rote Leinwand auf: die stand für nettes Wagnis und Gefahr. Drei Schlittschuhe, die wir an leichtes, aber hartes Holz genagelt hatten, spielten die Kufen – zwei an den Seiten, einer achtern unter dem luftigen, schmalen Kreuz –, als Steuerpinne hatte sich uns ein trockener, halber Stiel angeboten, und was an Tauwerk nötig war, hatte einst Postsäcke zusammengehalten.

Alles war schlank und gewichtslos, ein offener Entwurf, den der Wind zu vollenden hatte, ein Angebot an den Fallwind bei der Domäne, eine Aufforderung für den verlässlichen Wind in der Baranner Bucht. Ohne Eindruck und Gewicht war unser Eisschlitten eher eine Verheißung oder Möglichkeit als ein Versprechen und wir trugen ihn eilig und mühelos zum eisverkrusteten Steg des Bootshauses am Lyck-See hinab.

Da war eine Ungeduld im Schlitten, eine Neigung zum Gleiten, obwohl er noch nicht unter dem roten Segel stand, sondern nur ungetakelt im böigen kalten Wind, der ihn gleich anfiel und erprobte. Und als ich das Segel setzte, musste Rudi den Schlitten halten, so ruckte und schüttelte er sich; immer gefährdet, seitlich wegzukippen, umzuschlagen, immer darauf aus, über das schieferdunkle, nur von schmalen, sichelförmigen Wehen bedeckte Eis davonzuflitzen. Das Segel schlug gleich und flatterte und verlangte dringend nach einer Erlaubnis und da nickten wir uns zu und schoben an und sprangen auf.

Der Wind war aufrichtig, er bewies uns gleich seine Unzufriedenheit und drückte uns zur Insel mit dem weißen Gefängnis hinüber, aber wir waren anscheinend glücklich, zogen die Mantelspitzen über die Knie, lernten entspannt zu sitzen, doch ja, wir waren glücklich, während die Notkufen knisterten und drei sehr schmale, scharfe Linien in das dunkle Eis schnitten, die unsere sichtbare Spur darstellten. Wir ließen dem Wind seinen Einfall und waren einverstanden mit dem Kurs, glitten hart, angestrengt, jedenfalls weniger schnell,

Auf dem Schwenzaitsee bei Angerburg fand in den Dreißigern jährlich die Deutsche Eissegelwoche statt

als wir gedacht hatten, auf das weiße Gefängnis zu, parallel zur Brücke und dem befestigten Damm, den glasiertes Weidengesträuch flankierte.

Unterhalb des Dammes lagen auf hölzernen Böcken kieloben die Ruderboote, die uns der Verleiher im Sommer für eine halbe Stunde überließ, wenn wir sie am Vormittag leer schöpften; ihre Kiele waren mit Reif gepudert wie mit Flarin, Lacke und Farbe lösten sich da schon unter dem scharfen Fingernagel des Frosts und die Boote sahen jetzt gar nicht aus, als ob man etwas mit ihnen erleben könnte. Sie kamen mir unbegabt vor für den See und ich stellte mir vor, dass sie ertrinken könnten – so, wie sie dort lagen unterhalb des Damms hinter dem schief gedrückten Bootssteg, für dessen grau gescheuerte Pfähle

Kufen

das Eis eine kurzfristige Garantie gegeben hatte: Im Frühjahr würden sie ersetzt werden müssen.

Das fordernde Rot unseres Segels konnte den Wind nicht beeindrucken, der uns stetig zur Insel hinüberzwang, das weiße glitzernde Gefängnis wachsen und wachsen ließ, bis wir auf einmal in seinen Schatten gerieten, ausglitten, mit schlaffem, nur noch fächelndem Segel unter den Blicken der Gefangenen lagen, die die Fenster besetzt hielten. Ich glaube, die Gefangenen baten uns stumm, weiterzufahren; sie wünschten sich, uns in Bewegung zu sehen. In der stillen Beharrlichkeit, mit der sie uns beobachteten, lag die Aufforderung, ihnen das nutzlose Glück der Bewegung vorzuspielen. Aber Rudi hatte etwas am achteren Steuerschlittschuh auszusetzen, dessen Drehfähigkeit er zunächst biegend und hämmernd verbesserte, bevor wir von neuem anschoben, aufsprangen und zu den vergitterten Fenstern hinaufwinkten, hinter denen unser Winken langsam, fast nur angedeutet, erwidert wurde.

Weit vor uns Richtung Sybba, dort, wo die tiefste Stelle unseres Sees sich befinden sollte, brachte der Wind die schmalen Schneewehen in Aufruhr, sammelte sie, warf sie stäubend in die Luft, machte sich zierliche Kreisel aus ihnen und entrollte sie zu unterwürfigen Wimpeln, die er dann dem Schilf schenkte. Dorthin wollten wir und wir glitten aus dem Windschatten des weißen Gefängnisses hinaus und gleich drückte ein unglaubliches Knie auf uns, der Bambus bog sich und knackte, der Schlitten hob sich seitlich, ließ eine Kufe frei in der Luft hängen und das Segel war einverstanden mit der Kraft, die es prüfte. Jedesmal, wenn wir über Risse im Eis glitten, die der Frost besorgt hatte, ruckte und hüpfte der leichte Schlitten und ich hatte schon Angst, die Kufen würden von den Blöcken abbrechen, doch wir sackten nicht durch.

Wir flitzten knapp vor dem braunen Schilfgürtel, parallel zum verschneiten Uferweg, zunächst am Böhmer-Denkmal vorbei, wo rostige Konserven, Flaschen und Zeitungen, deren Schrift nur noch schwach oder schon gelöscht war, an den Sommer erinnerten, an behäbiges und freimütiges Badeleben, das sich aus unerklärlichen Gründen für einen Ort entschieden hatte, an dem der Major Böhmer ertrunken war und wo Binsen, Schilf und kauzig gewachsene Kalmuswurzeln lediglich eine schmale Bucht freigaben, deren Wasser trübe war, deren Grund die samtene Glätte des Schlamms besaß.

Jetzt hockten Angler auf ihren Holzkästen dort, gekrümmt unter dem Wind, manche mit kaltem Glitzern im Schnauz, und sie hoben und senkten den kurzen Stock mit der Schnur, blickten in die gezackte, sorgsam geschlagene Wune *(ein Eisloch, d. Red.)*, neben der hart gefrorene Fische lagen. Schwerfällig wandten sie sich um bei unserem scharfen Kufengeräusch, doch sie hatten noch nicht einmal die Warnung überdacht, da waren wir schon leicht und rot vorbei und ließen sie zurück gegen einen Hintergrund nackter Erlen.

Das Eis seufzte unter den Kufen, deren Spur klar und dünn war, von drei Diamanten gerissen, die der Wind führte mit Hilfe unseres Gewichts. Warum nur keine anderen Eissegler zu sehen sind, dachte ich und dachte: Der See gehört uns allein und er eignet sich als unser Besitz mehr als alles andere, weil er so schnell ist unter uns oder wir auf ihm. Wir zitterten nur und verlangten nach mehr, als wir an der steilen Böschung des Rennplatzes vorüberflogen, dort, wo das feldgraue Unglück exerzierte und sich bereit machte und wo wir unter Schnee, Dreck und vergesslichem Sand leere Patronenhülsen suchten – rasch und spielerisch vorbei, und gleich darauf, vor dem verlässlichen Wind der Baranner Bucht, in leichtem Bogen Richtung Sybba zur tiefsten Stelle des Lyck-Sees, der sich, wie viele der dreitausend Seen in Masuren, bei der Ablagerung des Moränenschuttes gebildet hatte, wem das etwas sagt.

Jetzt machte der Wind aus unserem Schlitten einen Vogel, er warf und schleuderte uns nur so über das dunkel glänzende Eis, stellte uns schräg, drückte den Bug – oder doch das, was wir an unserem Brettkreuz den Bug nannten – aus dem Kurs, und überstäubte uns mit trockenem Hagelschnee, sodass wir keine Zeit hatten, der Tiefe des Sees innezuwerden. Diese feinen, stechenden Schmerzen überall: Das war die Freude, und das war auch die Angst, dass das Tauwerk reißen könnte, aber die gewachsten Schnüre vibrierten nur im Wind und ließen sich nicht ihre Spannung nehmen, so sehr wir auch geschüttelt wurden, nein, nicht geschüttelt, sondern mit einem unglaublichen Katapult über das Eis geschossen, zur Wittko hin, zu der flachen Halbinsel, wo ein gemütlicher Schießstand war und wo sie an Sommertagen, das Bier in Reichweite, ihren Pappkameraden gemütliche Herzschüsse beibrachten.

Da sahen wir die Besen im Eis, Stangen mit einem Strohwisch dran, und wir verstanden die Warnung. Rudi befahl etwas der Pinne und die Pinne überzeugte sogleich den achteren Steuerschlittschuh, worauf wir mit knatterndem Segel abdrehten. Wir

Der Wind drückt, das Segel knattert und die Kufen schneiden Linien in das Eis

fuhren um die Wittko herum. Wir fuhren so, dass wir uns nicht festhalten mussten, und wir waren sehr glücklich und sprachen kein Wort miteinander.

Eine Bucht öffnete sich, doch wir fuhren nicht hinein, denn die Bucht war gefüllt mit geschnittenen Kiefernstämmen, die im Eis festgefroren waren, ein ganzes Floß war festgefroren, und die Flößer waren zu Hause, tranken Nikolaschka und verwechselten ihre Kinder. An den Stämmen, deren Schnittflächen gelblich leuchteten, saß eine beratende Versammlung von Krähen, die sich bei unserem Anblick protestierend erhob, sich mit hoch gestellten Flügeln dem Wind anbot, Richtung Sperrholzfabrik abwinkelte. Wie mochte unser Schlitten von vorn aussehen? Wie von der Seite? Man müsste sich selbst sehen können, dachte ich, hier und da, beteiligt und unbeteiligt: Dann wäre das Gefühl vollkommen und die Einsicht in das Geheimnis dieser Bewegung, die sowohl dem Gleiten entsprach wie dem Flug.

Vor den Stämmen lagen höhere und breitere Schneewehen, doch sie zwangen uns nicht zum Halten, verringerten nur unsere Fahrt. Ich blickte auf das dunkle Eis, das mehr als einen halben Meter dick war und in seinem Innern, in einem ganz und gar durchsichtigen Gefängnis, Luftblasen und Binsen und Borkenstücke gefangenhielt. Der Grund des Lyck-Sees allerdings war nicht zu erkennen. Vielleicht hätte ich ihn erkannt, wenn wir angehalten hätten, doch wir hatten nur den Wunsch, eilige Erfahrungen mit dem See zu machen, und so flogen wir nach Sybba hinunter.

Da waren die Arbeiter einer Brauerei beim Eisschneiden. Sie hatten sich ein Viereck abgesteckt, gekennzeichnet, und dann sägten sie mit einer Handsäge gleich große Blöcke aus dem Eis, fischten sie mit Bootshaken auf, schoben die Blöcke knirschend zum Ufer, wo andere Männer sie in Empfang nahmen und über Gleitbalken auf einen Schlitten luden. Die Blöcke schimmerten und gefielen mir sehr, und ich fand sie durchaus geeignet für ein Spiel, obgleich ich das Spiel mir selbst nicht vorstellen konnte.

Wir winkten den Arbeitern zu, die nicht zurückwinkten, sondern nur dastanden mit ihrer schwerfälligen Bedenklichkeit, und wir mochten sie nicht, nein, und wie wenig wir darauf angewiesen waren, dass sie zurückwinkten, zeigte Rudi ihnen, indem er unseren Eisschlitten nach Sybba lenkte gegen die grünschwarze Flanke des Waldes. Dort fuhren wir dicht ans Ufer, kreuzten ein bisschen, immer auf und ab vor den Buden, Fischkästen und Netzstangen der Sybbaer Fischer.

Weil niemand zu sehen war, wendeten wir und segelten am Wind zurück – etwas gekränkt, das muss ich wohl zugeben. Aber auf der winterlichen Seepromenade waren Leute zu erkennen und wir nahmen Kurs auf sie, hielten auf Lyck zu, das sich dem östlichen Ufer anschmiegte auf seiner ganzen Länge, vom Wasserturm bis zur Mündung des Lyck-Flusses.

Ich dachte daran, jemanden, den wir gar nicht kannten, zu einer Fahrt einzuladen, das wäre etwas gewesen, aber außer Rudi und mir hätte niemand auf unserem Eisvogel Platz gefunden.

Wieder an der Wittko vorbei, der Wind ließ nach und als der Schlitten plötzlich hüpfte und stumpf ruckte, sah ich im Eis eine Anzahl toter, festgefrorener Wildenten, über deren steife Körper unsere Kufen nur so hinschnitten. Es waren zwanzig oder sogar dreißig Wildenten, die im Schlaf festgefroren waren. Ich hätte gern angehalten und hätte mir eine Ente aus dem Eis gehackt, aber der Schlitten machte einen Satz, als ob er elektrisch gezündet worden wäre, schien sich hochzustellen und ohne Berührung mit dem Eis Ohles Flussbadeanstalt zuzufliegen.

So schnell wie wir hatte sich noch niemand der Flussbadeanstalt genähert. Das befestigte Ufer erwachte aus seiner Starrheit und stürmte auf uns zu und wir entbehrten nichts mehr, außer vielleicht einigen Zuschauern, aber sonst nichts. Ich sah das Sprungbrett, die Umkleidekabinen und die zierlichen Papierkörbe, die an Bäume genagelt waren, obwohl meine Augen tränten, und dann sah ich auch, auf der hölzernen Seufzerbrücke, einen Mann, doch er überquerte die Brücke nur, ohne uns zu bemerken.

Es ist wahr, ich hatte nicht gedacht, dass unser Eisschlitten sich so aufbäumen, so taumeln könnte wie kurz vor der Flussbadeanstalt, doch der Wind stellte mühelos den Mast schräg und das Brettenkreuz, sodass ich abrutschte und auf dem Rücken über das Eis trudelte, bis mich eine Schneewehe auffing. Aber Rudi ließ sich nicht abwerfen, das erkannte ich, er bot alles auf, um den Schlitten mit einem Manöver gegen den Wind zu stellen, doch Pinne und achterer Steuerschuh ließen sich nicht von ihm überzeugen und er flog der Flussmündung zu, der offenen, geriffelten Stelle, die nie fror, weil da die Strömung dem Eis widersprach. Er flitzte in das offene Wasser und ich dachte, der Wind werde ihn unaufhörlich weitertragen.

Aber dann sackte der Schlitten durch, mitten im Wasser schlug er auf und wippte und das Segel flatterte nur mäßig, neigte sich tief und tiefer.

Es verlor sein Rot. Es wurde schwarz vor Nässe, noch bevor es flach und erstaunlich langsam ganz niedergedrückt wurde. ☐

Siegfried Lenz *wurde 1926 in Lyck im östlichen Masuren geboren. Durch den Roman „Heimatmuseum" und die Erzählungen „So zärtlich war Suleyken" ist sein Name ist wie kein anderer mit dieser ostpreußischen Landschaft verbunden. Das Gesamtwerk des Autors, der zu den bedeutendsten Schriftstellern der Gegenwart zählt, ist bei Hoffmann und Campe erschienen.*

„Eissegeln" siehe auch S. 124

MERIAN
Die Lust am Reisen

PREMIUM SHOP

Angebote für Leser

In unserem Premium Shop bieten wir allen Lesern exklusive Highlights: Seltene MERIAN-Ausgaben aus unserem Archiv und einzigartige MERIAN-Sammlerstücke. Zusätzlich erhalten Sie ab einem Bestellwert von 25,00 Euro das „Best of MERIAN“ gratis dazu! Für Ihre Bestellungen verwenden Sie den Coupon auf Seite 83.

MERIAN **FAMILY**

WEGWEISEND

MERIAN pcscout

Planen Sie Ihre Reise am PC. Mit über 50.000 Empfehlungen von MERIAN finden Sie in Deutschland, Österreich, der Schweiz, Norditalien und dem Elsass immer das richtige Reiseziel. Inklusive aktuellen Stadtplänen, Routenplaner, 750 Golfplätzen und ADAC Verkehrsinfos. Preis: 25,95 Euro. **Kennwort: PCSCOUT**

UNENTBEHRLICH

MERIAN *kompass*

Der praktische Reise-Begleiter für unterwegs und am Ziel. Die drei neuesten Titel dieser praktischen Reihe können Sie hier bestellen. Sie kosten jeweils 6,50 Euro und haben zwischen 96 und 128 Seiten mit ca. 60 Farbfotos. Format: 9,5 x16 cm, Softcover mit Schutzeinband. **Kennwort: MERIAN kompass „Endlich Ferien“, „Olympische Spiele“, „Das neue Europa“**

JUBILÄUMSHEFT

Best of MERIAN

Ein Sammlerstück, das man nicht kaufen kann! Erleben Sie faszinierende Rückblicke in die Geschichte von MERIAN! Opulente Bildstrecken, faszinierende Reisereportagen, kluge und witzige Essays, einfühlsame Stadtporträts und engagierte Sozialfotografie. Blicken Sie hinter die Kulissen: Lesen Sie, wie das MERIAN-Magazin entsteht oder wie sich MERIAN anhand von 654 Titeln im Wandel der Zeit zu Deutschlands großem Reisemagazin entwickelte. Zusätzlich beigelegt ist jedem „Best of MERIAN“ eine detallierte Deutschlandkarte im Posterformat von 52 x 73,5 cm. Ab einem Bestellwert von 25,00 Euro erhalten Sie das „Heft der Hefte“ kostenlos dazu. Für Ihre Bestellung verwenden Sie bitte die Postkarte auf Seite 83.

Interessante Einblicke für jeden MERIAN-Liebhaber: die Titelparade der letzten 50 Jahre. Dazu ein Blick hinter die Kulissen: wie MERIAN entsteht und wie sich MERIAN verändert hat.

MERIAN-ABONNEMENT

Lust auf ein **Abonnement**

Wenn Sie MERIAN abonnieren möchten, erhalten Sie 12 Ausgaben im Jahr für 76,40 Euro (Auslandspreise auf Anfrage) statt 90,00 Euro bei Einzelkauf. Nutzen Sie den Preisvorteil von 15 % und sichern Sie sich Ihr Dankeschön: einen der vier MERIAN *live* Reiseführer. Mit Quickfinder in den Klappen, den Attraktionen jeder Reise auf einen Blick und gewohnt exzellenter MERIAN-Kartografie. Für Ihre Bestellung eines MERIAN-Abonnements verwenden Sie bitte die Postkarte auf Seite 83.

Unser Dankeschön für Ihr Interesse:
Wahlweise die besten Reiseziele Deutschlands, Italiens, Spaniens oder Skandinaviens. Kompakte Reise-Tipps auf über 550 Seiten.

MERIAN-**RARITÄTEN**

Weitere MERIAN-**RARITÄTEN** erhalten Sie auf Anfrage unter Telefon **0 40/87 97 35 40**

Lust auf MERIAN-Geschichte

Für Sammler und Geschichtsliebhaber haben wir unser Archiv geöffnet und offerieren Ihnen hier seltene Kulturschätze aus über 50 Jahren MERIAN. Die Archivexemplare bieten wir nur noch in sehr begrenzter Stückzahl und so lange der Vorrat reicht.

MERIAN THÜRINGEN
1959 **72,00 EUR**

MERIAN PRAG
1962 **69,00 EUR**

MERIAN BULGARIEN
1964 **61,00 EUR**

MERIAN GRAUBÜNDEN
1965 **60,00 EUR**

MERIAN DER RHEIN
1967 **59,00 EUR**

MERIAN BAMBERG
1971 **58,00 EUR**

MERIAN WALES
1974 **55,00 EUR**

MERIAN LEIPZIG
1977 **52,00 EUR**

HISTORISCHE SAMMELSCHUBER **MERIAN**-Archiv!

Archivieren Sie Ihre MERIAN-Sammlung stilvoll und sicher in den exklusiven MERIAN-Sammelschubern aus Leder oder Leinen! Jeder Schuber bietet Platz für ca. 12 MERIAN-Ausgaben. ·reise: Ausführung Leinen 10,00 Euro, Leder 22,00 Euro. **Kennwort: Schuber Leinen / Schuber Leder**

MERIAN Die Lust am Reisen

PREMIUM SHOP

Viele der Ausgaben von MERIAN sind in begrenzter Stückzahl noch verfügbar! Die jüngst erschienenen MERIAN-Titel (siehe Programm-Auflistung, rechts) kosten 7,50 Euro inkl. Porto und Versand (innerhalb Deutschlands). Bestellen Sie mit der gegenüberliegenden Postkarte oder im Internet unter www.merian.de. Außerdem erhalten Sie das lieferbare Programm von MERIAN in jeder gut sortierten Buchhandlung und solange der Vorrat reicht.

MERIAN *extra*

Die Reihe MERIAN *extra* widmet sich regelmäßig attraktiven Kultur-, Reise- und Freizeitthemen, die über das konzeptionelle Themenangebot des monographischen Hauptheftes hinausgehen. Dabei werden neue Facetten des jeweiligen Themas abwechslungsreich und unterhaltsam behandelt. Gewohnte MERIAN-Qualität bietet der Serviceteil mit ausführlichen Informationen, zahlreichen Empfehlungen, exklusiven Tipps und detaillierten Karten.

lieferbar ab November 2004

lieferbar ab Oktober 2004

PROGRAMM

AUSWÄHLEN UND BESTELLEN

Lieferbare MERIAN-Titel

Ägypten
Amsterdam
Andalusien
Athen
Autostadt in Wolfsburg
Baden-Württemberg
Baltikum
Barcelona
Berlin
Brasilien
Budapest
Burma-Myanmar
Chicago
Chinas Norden
Cote d'Azur
Danzig und Masuren
Das neue Ruhrgebiet
Dominikanische Republik
Dresden
Elsass
Ferien in Deutschland
Florida
Frankfurt
Franz. Atlantikküste
Gardasee
Große Ferien
Hamburg
Harz
Indiens Norden
Indiens Süden
Irland
Istanbul
Italien
Japan
Jerusalem
Kalifornien
Kanadas Osten
Kanarische Inseln
Köln
Krakau
Kreta
Kroatien
Kuba
Leipzig
Ligurien
Lissabon
Loire
London
Madrid
Mallorca
Marokko
Mauritius
Mecklenburg-Vorpommern
Mexiko
Moskau
MS Europa
München
Neapel / Amalfi-Küste
New York
Oberbayern
Paris
Piemont–Turin
Portugal
Prag
Provence
Rom
Sardinien
Schottland
Schweden
Schweiz
Shanghai
Sizilien
Spaniens Norden
Steiermark
Südafrika
Südengland
Südtirol
Sylt
Thailand
Tirol
Toskana
Umbrien
USA: Die Südstaaten
Wasserreich Niedersachsen
Weimar
Wien

SAMMELSCHUBER

MERIAN-Archiv!

Archivieren Sie Ihre MERIAN-Ausgaben in dem modernen MERIAN-Sammelschuber aus Acryl! Jeder Schuber bietet Platz für ca. 12 MERIAN-Magazine. Preis: 16,00 Euro.

Kennwort: Schuber Acryl

Die Lust am Reisen

MERIAN

PREMIUM SHOP

WETTERFEST

WINDBREAKER

Der klassisch blaue Windbreaker trotzt Wind und Wetter, ist aber angenehm leicht und durch den großzügigen Schnitt sehr bequem zu tragen.
Universalgröße: Large
Preis: 39,90 Euro

Kennwort: Windbreaker

Bitte freimachen falls Marke zur Hand. Oder bestellen Sie per Fax: **040/27172079**

ANTWORT

MERIAN
Premium Shop
Postfach 60 12 20

D-22212 Hamburg

Die Lust am Reisen

MERIAN

ABONNEMENT

Wenn Sie MERIAN abonnieren möchten, sichern Sie sich Ihr Dankeschön: einen der vier MERIAN *live* Reiseführer. Mit Quickfinder in den Klappen, den Attraktionen jeder Reise auf einen Blick und gewohnt exzellenter MERIAN Kartografie.

Wunschtitel bitte ankeuzen:
- ☐ **Deutschland**
- ☐ **Italien**
- ☐ **Spanien**
- ☐ **Skandinavien**

Bitte freimachen falls Marke zur Hand. Oder senden Sie per Fax an: **040/27172079**

ANTWORT

MERIAN
Leserservice
Postfach 60 12 20

D-22212 Hamburg

Ich möchte bestellen.
Bitte liefern Sie die Produkte an folgende Adresse:

Name / Vorname des Bestellers

Straße / Haus-Nr.

PLZ / Ort

Tel.-Nr. / E-Mail

Datum / Unterschrift ME 08/04

Rechnung abwarten – bitte keine Vorauszahlung leisten.
Die Lieferung erfolgt, innerhalb Deutschlands, porto- und versandkostenfrei. Auslandslieferungen auf Anfrage.

☐ **Mit der Zusendung von Informationsmaterial bin ich einverstanden.**

☐ **Ich habe den Bestellwert von 25,– Euro erreicht und erhalte „Best of MERIAN" als Dankeschön dazu.**

Bitte tragen Sie hier die Kennwörter, Anzahl und Preise ein:

Kennwort	Anzahl	Einzelpreis (Euro)	Gesamtpreis (Euro)

Summe

Die Lust am Reisen

MERIAN
GUTSCHEIN

Lust auf Reisen?

MERIAN präsentiert zwölfmal jährlich ein lebensnahes und facettenreiches Porträt einer Stadt, einer Region oder eines Landes auf höchstem Niveau. Mit dem monatlich erscheinenden Magazin MERIAN erleben Sie einzigartige Bilder und packende Reportagen.

Das ist ein Geschenk für:

Die nächsten 12 Ausgaben sind ein Geschenk von:

Die Lieferung beginnt, sobald die unten stehende Abo-Postkarte ausgefüllt an den MERIAN Leserservice, Postfach 60 12 20, 22212 Hamburg eingegangen ist.

☐ **Ich abonniere MERIAN für mich selbst.**
☐ **Ich möchte ein MERIAN-Abonnement verschenken.**

Name / Vorname des Beschenkten

Straße / Haus-Nr. / PLZ / Ort

Tel.-Nr. / E-Mail

Die Rechnung und das umseitig angekreuzte Dankeschön gehen an: (Adresse bitte unten eintragen). Der Jahres-Abo-Preis für 12 Ausgaben MERIAN beträgt 76,40 Euro frei Haus (innerhalb Deutschlands; Auslandspreise auf Anfrage).

Name / Vorname des Bestellers

Straße / Haus-Nr. / PLZ / Ort

Tel.-Nr. / E-Mail

Gewünschte Zahlungsweise bitte ankreuzen:
☐ **Gegen Rechnung** (Bitte keine Vorauszahlung leisten) ☐ **Bankeinzug** (Bequem und bargeldlos)

Bankleitzahl Kontonummer

Geldinstitut

Datum / 1. Unterschrift

Vertrauensgarantie: Die Bestellung wird erst wirksam, wenn sie nicht binnen zwei Wochen schriftlich beim MERIAN-Leserservice, Postfach 60 12 20, 22212 Hamburg, widerrufen wird. Zur Wahrung der Frist genügt die rechtzeitige Absendung des Widerrufs. Dieses Angebot gilt nur in der Bundesrepublik Deutschland und solange der Vorrat reicht. Das Dankeschön darf ich auch bei Widerruf behalten. Die Kenntnisnahme dieser Hinweise bestätige ich durch meine zweite Unterschrift:

Datum / 2. Unterschrift ME Danzig und Masuren 21981 / 21982

Ein MERIAN-Abonnement bietet Vorteile:

1. 15% Preisvorteil
Sie erhalten 12 Ausgaben zum Vorzugspreis von 76,40 Euro statt 90,00 Euro.

2. Service
Sie erhalten jede MERIAN-Ausgabe pünktlich frei Haus. Porto und Verpackung zahlen wir für Sie.

3. Vertrauensgarantie
Eine Bestellung wird erst wirksam, wenn sie nicht binnen 14 Tagen schriftlich beim MERIAN-Leserservice, Postfach 60 12 20, 22212 Hamburg, widerrufen wird. Zur Wahrung der Frist genügt die rechtzeitige Absendung des Widerrufs.

4. Geld-zurück-Garantie
Sie können Ihr Abonnement jederzeit kündigen und erhalten für gezahlte und noch nicht gelieferte Hefte natürlich Ihr Geld zurück.

Bestellen Sie einfach und bequem per

MERIAN-Leserservice
Postfach 60 12 20
22212 Hamburg

040 / 87 97 35 40

040 / 27 17 20 79

www.merian.de

Online geht die Reise los.

www.merian.de
Tausende von Reisezielen, Eventkalender, Reportagen, Tipps & Empfehlungen und weitere exklusive Angebote im MERIAN Premium Shop

Ein Sommer wie in St. Tropez

Wenn's warm wird, zieht ganz Polen nach Zoppot (Sopot) und der Rest der Welt gesellt sich allmählich hinzu. Denn die kleine Schwester Danzigs wird immer mehr zum Tummelplatz der Schönen und Reichen, zum Laufsteg für Polens Lebenslust

Text: Andrzej Rybak, Fotos: Peter Rigaud

Wenn Sie einen Freund treffen möchten, den Sie seit Jahren nicht gesehen haben, müssen Sie im Sommer nach Sopot fahren, pflegt man in Polen zu sagen. Die Stadt ist dann das St. Tropez an der Ostsee. Stars und Sternchen, Politiker und Topmanager, alles, was Rang und Namen hat, schlendert am Strand entlang oder bummelt auf der berühmten Mole. Angezogen vom Glanz der Prominenz kommen rund zwei Millionen Menschen jährlich in den berühmtesten polnischen Ostseekurort.

Zoppot ist ein Mythos, der sich aus tausenden Facetten zusammensetzt. Von Tradition zeugen hunderte märchenhafte Jugendstilvillen, die um die Jahrhundertwende von Danziger Kaufleuten errichtet wurden. Für zwei Generationen der Polen, die im Sozialismus aufgewachsen sind, ist Zoppot die Erinnerung an eine turbulente Jugend, an erste Liebe oder schmerzvolle Trennung. In der Stadt, als Perle der Ostsee gerühmt, schlug die Geburtsstunde des polnischen Jazz, der damals als Musik des Klassenfeindes verpönt war.

Die Seebrücke, mit 511,5 Metern die längste derartige Holzkonstruktion in Europa, ist das Wahrzeichen von Zoppot und ein beliebter Treffpunkt von Einheimischen wie Touristen. Seit dem Bau 1927 ist sie Schauplatz romantischer Liebeserklärungen, erster Kussversuche und dramatischer Abschiedsszenen. Jeden Abend lauschen Dutzende verliebter Paare dem Geplätscher der Wellen und schmusen auf den Bänken. Kinder füttern die Schwäne, Voyeure beobachten die Bikini-Nixen am Strand, Händler preisen ihre Souvenirs an.

Der Steg zieht Künstler mit Staffeleien an, der Duft von Jod und Seetang inspiriert Dichter und Schriftsteller. Er dient als Loge bei Motorboot-Rennen und Yacht-Regatten, die fast wöchentlich für Nervenkitzel sorgen. Jazz-Konzerte, Hip-Hop-Demonstrationen, selbst ein Stabhochsprung-Wettbewerb finden auf der Seebrücke statt.

Rund 181 Jahre nach seiner Gründung durch Jean Georg Haffner ist Zoppot der zweifellos beliebteste Kurort des Landes. „Die Gründung war eine total verrückte Idee", sagt heute der Bürgermeister Jacek Karnowski über die Geburtsstunde seiner Stadt. Wie der gesamte Landstrich hat auch Zoppot unter den dramatischen Wendungen der Geschichte gelitten. Seit seiner Gründung 1823 gehörte der Kurort abwechselnd zu Preußen, zur Freien Stadt Danzig und zu Polen. Wegen zahlreicher Aufstände und Revolutionen blieben die Kurgäste oft weg, erst nach dem Bau der Eisenbahnverbindung nach Danzig 1870 zogen viele reiche Patrizier nach Zoppot und verhalfen der Stadt zu einem Boom. Auch Kaiser Wilhelm II. kaufte hier ein Sommerhaus, heute befindet sich dort das Maryla-Hotel.

Nach dem Zweiten Weltkrieg zogen Aussiedler aus Vilnius und Lemberg sowie Flüchtlinge aus dem zerbombten Warschau in die verlassenen deutschen Villen ein. Darunter waren die Eltern des späteren Literatur-Nobelpreisträgers Czesław Milosz und die des Dichters Zbigniew Herbert. Die Neu-Sopoter machten den Kurort flugs zu einem wichtigen Zentrum für Kunst und Kultur.

In Zoppot hat das Wasser Balken, ein halber Kilometer Seebrücke dient als Markt für Blicke, Küsse, Souvenirs

Der Trend hält bis heute an: Bildhauer und Künstler, die etwas auf sich halten, stellen in Zoppot aus, die besten Musiker treten auf, die berühmtesten Schriftsteller und Dichter lesen aus ihren Werken. Zoppot habe die lebendigste Kunstszene in Polen, sagt Alexandra Magiera von der Galerie Radwan. Nur Warschau könne da noch mithalten.

Zoppot veranstaltet ein Kurzfilmfestival, einen Literatur-Frühling und einen Theater-Sommer. Auf der Waldbühne, die vor dem Krieg für ihre Wagner-Festspiele berühmt war, finden nacheinander ein Oper-Festival, Jazz-Tage und ein Liederwettbewerb statt. Gastspiele internationaler Ballettgruppen runden das einmalige Kulturangebot auf. Unter Theaterfans ist vor allem für das Atelier-Theater am Strand beliebt, das von dem deutschstämmigen Wahl-Zoppoter Andre Ochodlo geleitet wird.

Zoppot, das ist auch ein Hauch von Freiheit, Schick und Erotik. In der freizügigen Atmosphäre des Urlaubsorts gedeihen die heißesten Liebesaffären, zerbrechen die treuesten Ehen. Während der sozialistischen Mangeljahre verbrachten die modebewussten polnischen Frauen wahre Wunder, um den Chic der französischen Riviera zu imitieren und Männern die Köpfe zu verdrehen. Für Bikinis zahlten sie auf Basaren wahre Vermögen – oder sie nähten sie zu Hause von Hand.

Auch heute werden in Zoppot die Trends gesetzt. Bei offiziellen Modeschauen werden Bade- und Sommerkreationen der bekanntesten polnischen Modeschöpfer gezeigt. Der wichtigste Laufsteg der Stadt ist aber die Fußgängerzone, Bohaterów Monte Cassino: Hier präsentieren die schönsten Frauen die teuerste Garderobe, die kürzesten Miniröcke, die tiefsten Dekolletes und die spitzigsten Stöckelschuhe.

Angezogen von dieser einmaligen Atmosphäre haben viele Stars ihren Wohnsitz nach Zoppot verlegt. Der bekannte Filmregisseur Maciej Dejczer und Wojciech Rajski, Direktor der Polnischen Kammerphilharmonie, sind der Stadt schon seit Jahren verbunden. Der liberale Politiker Donald Tusk, der populäre Schauspieler Marek Kondrat und der begnadete Jazz-Musiker Leszek Mozdzer ziehen sich immer wieder nach Zoppot zurück, um hier zu entspannen und neue Ideen zu sammeln. Auch der Wahl-Hamburger und Ex-Boxweltmeister Dariusz Michalczewski besitzt eine Wohnung in der Stadt. Bei solch zahlungskräftiger Kundschaft sind die Immobilienpreise in horrende Höhen geschnellt. In guter Lage werden in Sopot zwischen 1500 und 2500 Dollar pro Quadratmeter Wohnfläche gezahlt.

Das Herz von Zoppot schlägt im Sommer natürlich am Strand. Hier wurden einst die Kurhäuser und Bäder errichtet, die meist dem Krieg 1945 zum Opfer fielen. Nur das Warmbad und das Rheuma-Krankenhaus, ein Werk des Architekten Paul Puchmüller, und das Südbad, nach skandinavischen Vorbildern erbaut, zeugen von der alten Pracht der Nordriviera, die 1999 wieder den begehrten Kurort-Status erwerben konnte.

Heute ist Zoppot aber nicht nur Kur- und Kulturstadt, sondern ein Zentrum der Unterhaltung. In den Parkanlagen verstecken sich noble Discotheken, in der die Hippen und die Schönen bis in die Morgenstunden tanzen. Direkt an das Nordbad grenzt der moderne Aquapark, mit mehreren Schwimmbecken und Rutschen, der die kurze Badesaison auf das ganze Jahr verlängert. Der historische Tennisclub daneben richtet im Sommer mit Poland Open das wichtigste Tennisturnier des Landes aus.

Abseits des Trubels der Fußgängerzonen liegt ein anderes Zoppot. An den bewaldeten Hängen, die den Kurort umschließen, verstecken sich Dutzende märchenhafte Villen und geheimnisvolle Paläste. Die Residenzen sind von Gärten umgeben, wo in Schatten romantischer Gartenlauben schöne Skulpturen stehen. Sopot ist eine wahre Schatztruhe der Jugendstil-Architektur.

Zu solchen Schätzen zählt auch der Nabel von Zoppot, das aufwendig renovierte Grand Hotel aus dem Jahr 1927. In dem besten Haus am Platz wohnten früher Divas wie Marlene Dietrich und Josephine Baker, später Politiker wie Charles de Gaulle und Fidel Castro. Berühmt war das Grand für sein Casino, in dem manch Spieler Hab und Gut verlor. Oft konnten die Unglücklichen den Verlust nicht verkraften und machten ihrem Dasein ein Ende. „Galgenpromenade" nannte man daher den Parkweg am Strand. Heute parken vor dem Casino wieder sündhaft teure Autos, doch von Selbstmord der Verlierer hört man heutzutage nichts. □

Man trifft sich und alle weiteren wichtigen Menschen – unter anderem im „Blauen Pudel"

Das neobarocke Schloss Groß Schwansfeld (Łabędnik) südöstlich von Bartoszyce (Bartenstein) hat den Wechsel der Zeiten überdauert

Von vielen sind nur Steinbrüche übrig, andere sind zu retten oder bereits restauriert. Doch was immer mit den alten Schlössern und Gutshäusern geschieht: Sie bleiben die Zeugen einer untergegangenen Welt

Ostpreußens Erbe

Text: Renate Marsch, Fotos: Marc-Oliver Schulz

Joanna und Krzysztof Pałyska haben Schloss Gallingen (Galiny) mustergültig erneuert. Und dabei das Vertrauen der Leute im Dorf gewonnen

Stattliche Herrenhäuser und idyllische Landschlösschen, ihre Parkanlagen und Teiche, die Vorwerke und Alleen – sie waren unverwechselbar mit dem Bild der ostpreußischen Landschaft verbunden. Und hier war auch alles größer als im „Reich".

Die Adelsfamilien, deren Vorfahren mit den Ordensrittern ins Land gekommen waren, bauten ihre Güter dort, wo der Boden fruchtbar ist, also seltener im Sand Masurens, sondern nördlich und westlich von Rastenburg (Kętrzyn), in der Gegend von Bartenstein (Bartoszyce), Preußisch Holland (Pasłek), Mohrungen (Morąg) und natürlich im heute russischen Königsberger Gebiet. Dort, in der Pregelniederung, stand Schloss Friedrichstein, das Elternhaus der Gräfin Dönhoff. Während von Friedrichstein nichts übrig blieb, ist Quittainen (Kwitajny), ein anderer Dönhoff-Besitz in der Nähe von Pasłek, erhalten. Von hier brach die Reiterin Marion Dönhoff im Januar 1945 auf ihrem Pferd Alarich zur Flucht in den Westen auf.

Die Adelsfamilien teilten dasselbe Schicksal: niemand blieb. Die Zukunft ihrer Güter aber gestaltete sich unterschiedlich. Manche, wie Schlobitten (Słobity) und Finckenstein (Kamieniec) – beide im Besitz der Dohna –, wurden nach dem Einmarsch der Roten Armee angezündet. Die meisten anderen wurden geplündert und nach dem Abzug der Sowjets ziemlich verwüstet den Polen überlassen.

In der Regel zog die Verwaltung der neuen staatlichen Güter in die Herrenhäuser oder man richtete darin Arbeiterwohnungen und Kindergärten ein. Repariert wurde selten. War das Dach erst einmal undicht, zogen die Verwaltung und die Mieter aus und überließen das Haus dem Verfall. Zum Schluss kamen die Dörfler, schlugen die Fenster ein und holten sich Holz und Steine als Baumaterial.

Nordwestlich von Rastenburg reiht sich ein Gutsdorf an das andere. Es sind heute problembeladene Ortschaften, denn die meisten Staatsgüter wurden aufgelöst und die Landarbeiter verloren ihren Job. Eine Fahrt durch dieses Gebiet gleicht einer Entdeckungsreise. Oft ist nur an alten Bäumen zu erkennen, dass hier und dort ein Gutspark war, und dann stößt man mit einigem Glück auf unkrautüberwucherte Ruinen.

Im Register des Konservators von Ermland und Masuren stehen 181 Gutshäuser und 114 Schlösser. Auch viele von diesen sind kaum noch zu retten, doch die staatliche Agentur für landwirtschaftliche Immobilien nahm nach der politischen Wende von 1989 den Wettlauf mit der Zeit auf und sucht finanzkräftige Käufer. Glücklicherweise gibt es wohlhabende Polen, die nicht nur Sinn für Kultur haben, sondern das Kulturerbe dieser Region anerkennen und bewahren wollen. So erstehen Güter wie das Eulenburgsche Gallingen (Galiny) oder Eichmedien (Nakomiady) in neuem Glanz. Leider sind viele dieser Herrensitze als Privatdomizile unzugänglich.

Nicht immer brachte die Privatisierung Glück. Das prächtige Barockschloss Dönhoffstädt (Drogosze), eine der bedeutendsten Residenzen Ostpreußens (bis 1945 Besitz der Grafen Stolberg-Wernigerode) war bis 1991 eine landwirtschaftliche Schule. Der neue Besitzer, Eigentümer großer Ländereien, tat aber praktisch nichts für den Erhalt. Ein Zaun hält Besucher fern. Dönhoffstädt, einst kommunistisches Vorzeigeobjekt, ist vorläufig aus dem Katalog der Touristenziele gestrichen. Es klingt absurd: Das Schloss wurde Opfer der neuen Zeit.

Pech mit ihren privaten Käufern hatten offenbar auch Schloss Jäglack (Jegławki), zu literarischem Ruhm gelangt durch Arno Surminskis „Jokehnen", und Steinort (Sztynort), das Schloss des Widerstandskämpfers Heinrich Graf Lehndorff am Mauersee.

Von den Kunstschätzen und Bibliotheken der großen Häuser blieb nicht viel. Das meiste von dem, was polnische Kunsthistoriker retten konnten, gehört dem Museum von Ermland und Masuren. Darunter befinden sich wertvolle Porträts, die in den Museen in Allenstein (im Schloss) und im Dohna-Schlösschen in Mohrungen (Morąg) ausgestellt sind. Dort auch erinnert eine Sammlung niederländischer Kunst an die Verbindung der Familie Dohna mit dem Haus Oranien.

Verhältnismäßig gut erhalten sind in der Regel die alten Patronatskirchen in diesen ehemaligen Gutsdörfern. Sie stammen zum Teil noch aus der Ordenszeit, als die Vorfahren der großen ostpreußischen Familien von den Ordensrittern ihre Ländereien als Sold-Ersatz für Waffendienste erhielten. Sie wurden nach dem Krieg von der katholischen Kirche übernommen und im Innern zum Teil bis zur Unkenntlichkeit umgestaltet. Zu den Ausnahmen gehört die originale und restaurierte Innenausstattung der Backsteinkirche in Labędnik (Groß Schwansfeld).

Galiny (Gallingen) Alljährlich kommt der alte Graf

Das restaurierte Wappen der Eulenburgs grüßt über der Haustür. Die Fassaden des um einen Innenhof gebauten Schlosses Gallingen (Galiny) sind wieder hergestellt, und in den Torbauten richteten die Schlossherren Wohnungen für sich und ihre Gäste ein. Schloss und Wirtschaftshof wurden zu einem Juwel unter den einstigen ostpreußischen Herrenhäusern.

Krzysztof und Joanna Pałyska, ein Warschauer Unternehmerpaar aus der Kosmetikbranche, sind Eigentümer von Galiny. „Als wir im Frühjahr 1995 zum ersten Mal hier waren, dachten wir: Nur ein Verrückter kann eine solche Ruine kaufen", erzählt Joanna. „Na ja, wir haben es dann getan."

Mit kunstgeschichtlichem Verständnis, Fingerspitzengefühl, ungeheurem finanziellen Aufwand und nach allen Regeln der Denkmalspflege machten sich die Pałyskas ans Werk. 2005 werden sie in Galiny ein Hotel eröffnen. Im alten Ackerpferdestall wurden Gästezimmer eingerichtet, komfortabel und stilvoll wie das ganze Anwesen, und im Speichergebäude entsteht ein Restaurant. Im Wirtschaftshof herrscht bereits Hochbetrieb. In hellen und luftigen Ställen und auf den Weiden stehen 70 Reitpferde und Jungtiere. Ein Schmuckstück ist der Park geworden.

Längst gibt es einen Stammgast auf Gallingen: Udo Graf zu Eulenburg. Er ist der letzte deutsche Eigentümer, und mit ihm verbindet die Pałyskas eine herzliche Freundschaft. Seit 1996 sind er und seine Frau Carola jedes Jahr hier, im Torbau steht ihnen ein Apartment zur Verfügung. Zu seinem 80. Geburtstag, 2001, kam der Graf mit 40 Familienmitgliedern im Reisebus, um auch den Jüngeren die Heimat ihrer Väter – immerhin seit 1468 – zu zeigen und ihnen vorzuführen, mit welcher Liebe die polnischen Besitzer Schloss und Umgebung wieder herrichten.

Wenn er in Gallingen ist, besucht der Graf auch jedes Mal sein eigentliches Elternhaus, die Ruine von Prassen (Prosna) – ein schlimmer Kontrast. Ein Trost dagegen ist die alte Patronatskirche im nahen Leunenburg (Sątoczno). Bei einem der letzten Besuche durfte Eulenburg auf der Orgel spielen. „Als der Trauerchoral ‚Lass mich gehen' durch die liebe alte Kirche klang, wie ich ihn 1937 zum Tod unseres Vaters gespielt habe, da war es doch fast um meine Fassung geschehen", schrieb der Graf.

Das majestätischste der noch erhaltenen Schlösser Ostpreußens ist abgeriegelt. Eine Ahnung von Glanz und Großzügigkeit längst vergangener Tage vermitteln diese Innenansichten Dönhoffstädts: Treppenaufgänge, Deckendekors

Drogosze (Dönhoffstädt) Ein Königschloss

Clevere Jungens am Parktor versichern im Brustton der Überzeugung, hier habe die verstorbene Zeit-Herausgeberin Marion Gräfin Dönhoff ihre Jugend verlebt. Doch das prächtige Schloss war längst im Besitz der Grafen Stolberg-Wernigerode, als die berühmte Journalistin geboren wurde. Erbaut wurde es 1710-14 von Bogislaw Friedrich Dönhoff. Der letzte männliche Dönhoff-Erbe Stanislaus Otto starb 1816 bei einem Duell und der Besitz ging über die weibliche Linie für die Dönhoffs verloren. Sozusagen als Trostpflaster ließ Graf Udo Stolberg-Wenigerode 1884 Sarkophage für Stanislaus Otto und seine Schwester anfertigen. Sie stehen noch heute in der Schlosskapelle.

Vorbild für Dönhoffstädt war in der Tat Schloss Friedrichstein, die Heimat von Marion Dönhoff. Wie Friedrichstein war auch Dönhoffstädt „Königschloss", eine der Residenzen, die für prächtig genug erachtet wurden, um gekrönten Häuptern gelegentlich als Herberge zu dienen. Das zweigeschossige Schloss mit den 52 Zimmern fiel 1945 unversehrt in die Hände der Roten Armee, die die prachtvolle Innenausstattung plünderte und demolierte. Einige gerettete Kunstgegenstände befinden sich heute in den Museen in Allenstein und Mohrungen.

Später zog eine Landwirtschaftsschule ins Schloss. Viele Dorfbewohner denken gern an diese Zeit zurück: Es gab Arbeitsplätze, der Bau wurde einigermaßen erhalten (wenn auch bei einem Umbau verschandelt) und der Park gepflegt.

Die Schließung der Schule nach 1989 bedeutete den Niedergang von Dönhoffstädt. Doch trotz des Verfalls erkennt man noch heute die Zimmerfluchten, ja es blieben sogar einige Deckenreliefs erhalten. Auch der heutige Eigentümer, der Großgrundbesitzer Roman Romanowski, zeigt wenig Interesse am Erhalt von Dönhoffstädt, hat aber wenigstens die Fenster notdürftig verschlossen, das Gelände eingezäunt und eine Art Wachdienst eingerichtet. An die Restaurierung oder Öffnung des Schlosses für Touristen ist aber wohl nicht zu denken.

Jędrychowo (Heinrichshöfen) Später Traum

Liebe auf den ersten Blick ist bei Endsechzigern eher selten. Aber genau die spürte Albrecht von Klitzing, als er 1993 beim letzten Tageslicht Masurens das Gutshaus Heinrichshöfen (Jędrychowo) bei Sorquitten (Sorkwity) entdeckte. Ganze zwei Räume waren in dem verfallenen Anwesen überhaupt bewohnbar.

Drei Jahre später konnte der tatkräftige Spross einer alten Adelsfamilie hier die ersten Gäste empfangen. Mit seiner Frau Alicja, einer Polin, hat er aus dem Gut – ohne Hilfe von Architekten – das „Hotel im Park" gemacht.

Ein Haus mit 100 Betten zu bewirtschaften ist allein schon eine Herausforderung, daneben noch eine gepflegte, ein wenig an alte Zeiten erinnernde Atmosphäre zu schaffen, eine Kunst. Das im alten Stil wiedererrichtete ockergelbe Gutshaus mit dem zum Gästetrakt ausgebauten Stall und einigen Dependancen steht unter Denkmalschutz und ist eine beliebte Adresse bei deutschen Reisenden.

Aufgewachsen im nur 100 Kilometer entfernten Grünfelde (Grunwald), kam Albrecht von Klitzing seit 1987 jedes Jahr in seine Heimat. „Ich holte nach, was ich als Kind noch nicht spüren konnte. In dieser Landschaft fühle ich mich so wohl, dass ich immer häufiger daran dachte, mich hier ganz niederzulassen. Aber dann müsste es an einem See sein, den ich als Kind vermisste." Den hat er nun, als unmittelbarer Anlieger des Jezioro Lampasz, des malerischen Lampaschsees.

In dem romantischen Hotel im Park freut sich Hausherrin Alicja von Klitzing auf neue Gäste

Hotelpension und Gutshof Gartenpungel (Wojciechy) am Hochufer der Passarge

Das nächste Dorf ist weit entfernt und der Fahrweg nach Gartenpungel (Wojciechy) erfordert stellenweise Schritttempo. Doch dann ist man da und wird belohnt mit dem Blick auf ein weißes, gepflegtes und idyllisches Anwesen. Das Gutshaus liegt an einem Hochufer, unten plätschert munter die Passarge (Pasłęka) durch weite Wiesengründe und lädt im Sommer zum Baden ein. Oben im Haus werden die Gäste empfangen, bis zu 40 haben in den stilvoll eingerichteten Zimmern Platz (s. auch S. 136).

Das Herrenhaus verdankt seine heutige Ansicht mehreren Bauperioden. Der erste der beiden Flügel mit den basteiartigen Risaliten, die das Langhaus flankieren und der Anlage einen repräsentativen Charakter geben, wurde vor vielen Jahrzehnten, der zweite erst in den Neunzigern hinzugefügt.

Gartenpungel war bis Anfang des 20. Jahrhunderts ein Vorwerk des nicht weit entfernten Großgrundbesitzes Banners (Bieniasze, heute ebenfalls Hotel). In den zwanziger Jahren beschäftigte man sich vor allem mit Pferde- und Viehzucht. Diese Tradition hat das polnisch-deutsche Gemeinschaftsunternehmen, das den verwahrlosten Gutshof in den neunziger Jahren von Grund auf sanierte, mit Rindern und Schweinen wieder aufgenommen – das bringt in dem strukturschwachen Landstrich mit den vielen Wäldern 30 Menschen eine regelmäßige Arbeit, sagt Manfred Wolff, der Hamburger Joint-venture-Partner von Gartenpungel. Auch etwa 20 Pferde sind da, aber die dienen ausschließlich der Reiterlust oder ziehen die Kutschwagen, mit denen Gastgeber Marian Grajek Gäste durch die abendliche Wiesen- und Waldlandschaft begleitet. Manchmal ist auch Leo Stuhrmann dabei, er kommt zuweilen mit Reisegruppen aus Deutschland und kennt die Gegend wie kein anderer. Kein Wunder, er ist hier aufgewachsen. Die Stuhrmanns hatten Gartenpungel in den Zwanzigern gekauft.

Wojchiechy (Gartenpungel) Ein Refugium

Marian Grajek, der polnische Gastgeber in Gartenpungel

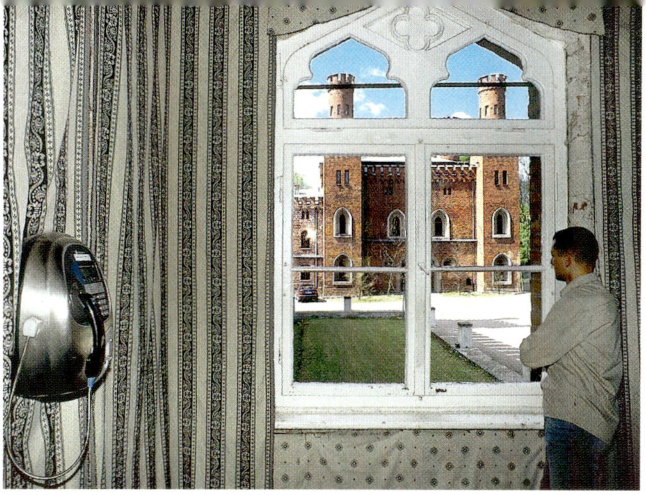

Aus neugotischen Fenstern ein Blick auf Zinnen und Türme

Sorkwity (Sorquitten) Tudor pur

Der zinnenbewehrte Ziegelbau am Lampatzkisee ist keineswegs so alt, wie er aussieht. Das Schloss von Sorquitten (Sorkwity) erlitt ein völlig anderes Schicksal als die meisten übrigen Landsitze in Ostpreußen. Das 1850-1856 im damals modischen neogotischen Tudor-Stil erbaute Haus wurde im Ersten Weltkrieg von der Armee des russischen Zaren niedergebrannt und 1922-23 originalgetreu wiederaufgebaut. Den Zweiten Weltkrieg und das Kriegsende überstand Sorquitten relativ unversehrt. Das Haus wurde Erholungsheim des Traktorenwerks „Ursus" und nicht gerade allzu geschmackvoll umgebaut. Nach der Wende kam es in Privatbesitz und ist heute nach gründlicher Restaurierung ein Hotel.

Das malerisch zwischen zwei Seen gelegene Gut Sorquitten stammt noch aus der Ordenszeit. Es gelangte 1804 in den Besitz der Familie von Mirbach. Einer der Gutsherren, Julius Ulrich von Mirbach, war Mitarbeiter des Reichskanzlers Otto von Bismarck. Er vermachte den Besitz einem Neffen seiner Frau, Bernhard von Paleske. Die Wappen der jeweiligen Besitzer kann man noch heute an der Patronatsloge der besonders schönen evangelischen Kirche am See jenseits der Bahnlinie sehen. Von dem berühmten Landschaftspark von Sorquitten blieben nur Reste. Auch die Familiengrabstätte auf einer Halbinsel des Lampatzkisees ist verschwunden. Heute ist dort ein Naturschutzgebiet. Nur eine Engelsfigur überdauerte. Sie steht jetzt vor der Kirche.

Seltsam britische Adaptionen im einst preußischen Junkerland: das Schloss und Hotel Sorquitten

Sztynort (Steinort) Erbe der Grafen Lehndorff

Wer Steinort hat, ist Herr über Masuren!" Die Manager der Firma TIGA Yacht zitieren gern den Ausspruch des polnischen Dichters Ignacy Krasicki aus dem 18. Jahrhundert in einem Brief an seinen Freund Ahasverus Lehndorff. Dieser Mythos hat dem Schloss und dem einst so prächtigen Park mit den jahrhundertealten Eichen allerdings wenig genützt.

Seit 1998 gehört das heutige Sztynort der Warschauer Firma, die Segelboote verchartert, doch die historische Bedeutung dieses „ohne Zweifel schönsten Besitzes in Ostpreußen" (so Marion Gräfin Dönhoff) kümmert die Wirtschaftsbosse wenig. Das mehrmals umgebaute Schloss der Grafen Lehndorff aus dem 17. Jahrhundert ist in einem trostlosen Zustand.

Heinrich Graf Lehndorff, der wegen seiner Beteiligung am Attentat auf Hitler vom 20. Juli 1944 hingerichtet wurde, war der letzte deutsche Besitzer von Steinort. Die Gründung einer deutsch-polnischen Stiftung für den Erhalt und die Nutzung von Steinort als Konferenzzentrum scheiterte 1993 an den Kommunalbehörden von Węgorzewo (Angerburg).

Scharen von Touristen stehen im Sommer enttäuscht vor der zugenagelten Haustür oder irren durch die Reste des verwahrlosten Parks. Das Dach des Schlosses wurde notdürftig geflickt, aber den Bau zu betreten wäre lebensgefährlich, denn es sind bereits einige Decken eingestürzt. Aber im Wirtschaftshof, im alten Pferdestall, soll ein Hotel mit Restaurant entstehen.

Das Geschäft von TIGA Yacht liegt auf dem Wasser. An den Landestegen des Naturhafens ist Platz für 500 Boote. Für die Segler, die hier an Land gehen, wurden ein Laden, eine Tankstelle und ein Campingplatz eingerichtet. Für Unterhaltung sorgen Konzerte in dem neuen „Amphitheater"; von Ruhe und Beschaulichkeit in der großartigen Landschaft am Mauersee ist also wenig zu spüren.

Steinort (Sztynort) war einst ein Mittelpunkt ostpreußischen Gesellschaftslebens. Lange her

Eichmedien auf dem Weg zu alter Pracht. Joanna und Piotr Ciszek haben sich mit einem Raben angefreundet. Er lebt auch im Schloss

Nakomiady (Eichmedien) Mauern der Ordenszeit

Eigentlich suchten Piotr und Joanna Ciszek einen einfachen Bauernhof in Masuren. Doch dann wurde es ein Schloss. Und was für eins: Eichmedien, heute Nakomiady, ein mächtiger, aber völlig heruntergekommener Bau aus dem 17. Jahrhundert.

Die Ursprünge gehen sogar bis auf die Ordenszeit zurück. Das verrät der doppelstöckige sieben Meter tiefe Keller mit prächtigen Gewölben und einem Brunnen. Dort unten begann 1999 die Sisyphusarbeit des Wiederaufbaus. Jetzt sind Piotr, Betreiber einer Consultingfirma, und Joanna, Marketing-Direktorin eines Warschauer Großunternehmens, schon in den oberen Stockwerken: Zwei Zimmer haben sie sich bereits wohnlich eingerichtet, für den Aufenthalt am Wochenende.

Eichmedien wurde ab 1653 auf Befehl des Großen Kurfürsten für den Diplomaten Johann von Hoverbeck gebaut. 1789 erwarb Friedrich von Redecker das Gut. Nachkomme Eberhard von Redecker hat längst Kontakt zu Piotr und Joanna Czisek und inzwischen trägt eine riesige Esche im Park ein kleines Schild mit dem Namen Eberhardt. Der alte Herr hat es zur Feier seines 96. Geburtstages eingeweiht. Genau gegenüber der Esche sei das Fenster zu seinem Schulzimmer gewesen, erzählt von Redecker, und wenn der Hauslehrer zu sehr langweilte, habe er sich immer gewünscht, in den Zweigen dieses Baumes herumklettern zu können. Piotr und Joanna wollen nach Beendigung der Arbeiten im Schloss ein Hotel mit Reitbetrieb einrichten und in den Kellergewölben ein Restaurant.

Renate Marsch *war 1965 bis 1970 und 1973 bis 1996 Polen-Korrespondentin der* Deutschen Presseagentur *in Warschau. Sie lebt heute in Masuren.*
Marc-Oliver Schulz, *Hamburger Fotograf, war tief beeindruckt von dem Elan, mit dem die neuen Besitzer von Gütern die Restaurierungsarbeiten meistern.*

Eine ausgezeichnete deutschsprachige Dokumentation über die Herrensitze und Güter in Ermland und Masuren haben 2001 die Kunsthistorikerin Małgorzata Jackiewicz-Garniec und der Kunstfotograf Mirosław Garniec mit dem Bild- und Textband „Schlösser und Gutshäuser im ehemaligen Ostpreußen“ vorgelegt: 329 Objekte mit Fotos (z. T. aus der Vorkriegszeit) und Lageplänen. Deutsch-polnisches Ortsverzeichnis. (Verlag Studio Wydawnice Arta Mirosław Garniec, Olsztyn, www.palaceidwory.pl) *29 Euro* ☐

Kinder der Galinder

Wollen Sie Konkubine werden oder Galeerensklave? Dann lassen Sie sich am Beldahnsee gefangen nehmen. Nach ein paar Tagen hinterm Palisadenzaun kommen Sie zurück als ein anderer. Für alle Zeiten, versichert Andrzej Rybak

Ho", schreit der Häuptling und schwingt die Keule. „Ho", kommt das Echo von einem Dutzend mit Speeren bewaffneter Krieger. Die seltsamen Kerle in Tierfellen und grobem Leinen haben einen Bus umzingelt, der auf dem Waldweg vor brennenden Balken nicht weiter kommt. Rüde werden im spärlichen Fackellicht die Passagiere herausgezerrt, vier Männer vor die Deichsel eines Pferdewagens gekettet und die anderen Opfer des Überfalls unter Flüchen und Geschrei gefesselt in den dunklen Wald getrieben.

Willkommen in Galindia, der Grenzfeste von Yzeggus II., wo Besucher am Marterpfahl gefoltert, auf dem Scheiterhaufen verbrannt, von Hexen gequält werden und in dunklen Verliesen schmoren müssen.

Der Fürst der Galinder ist ein mittelalterlicher Barde und Geschichtenerzähler mit wildem Bart und weißer Haarmähne. Die hohe Stirn kaschiert er mit einer fantasievollen Kopfbedeckung aus Messing und Fellstücken. Im Zivilleben ist er Cezary Kubacki, Psychotherapeut aus Warschau. Hier, auf einer Halbinsel vor der Mündung der Krutynia (Kruttinna) in den Jezioro Bełdany (Beldahnsee) hat er ein malerisches Freizeitzentrum angelegt, das wohl ungewöhnlichste Hotel Polens. Doch wer sich in aller Stille am See erholen will, ist hier falsch.

Der Zugang zur Feste ist durch eine Palisade aus Holzstämmen versperrt. Skulpturen von Stammeskriegern säumen die Wege, die zu Versammlungsplätzen und geheimnisvollen Kultstätten führen. Manche tragen Gesichtszüge von Yzeggus und sind bis zu fünf Meter hoch.

Die Galinder hat es tatsächlich gegeben. Das zu den ostbaltischen Stämmen gehörende Volk lebte schon im fünften Jahrhundert vor Christus rund um die masurischen Großen Seen. Nach langjährigen Kämpfen mit den Fürsten von Masowien und mit dem Deutschen Orden starben die Galinder im 13. Jahrhundert aus. Sie kannten keine Schrift und darum muss ihre Kultur vor allem mithilfe von Grabbeigaben rekonstruiert werden.

Die authentische Vergangenheit interessiert Kubacki wenig. Vielmehr erschafft er seine eigenen Welten. „Aus bunten Träumen ein komfortables Urlaubsnest" gestalten, lautet seine Philosophie. Das Ergebnis ist ein wenig Freilichtmuseum, ein wenig Lunapark.

„Ho!", schreit der Häuptling, als ein frischer Gefangenentransport am Scheiterhaufen ankommt. Er wählt eine zierliche Blondine aus. Sie soll dem alten Baltengott Perkun geopfert werden. „Die Galinder haben früher nur Jungfrauen verbrannt", lächelt Yzeggus. „Damit aber tun wir uns heute etwas schwer."

Unsicher blickt die junge Frau in die Gesichter ihrer Freunde, als der Stammes-Schamane ihr ein Leinenkleid überzieht. Sie muss sich auf eine Plattform aus Holzstämmen legen, dann zündet der Häuptling das Feuer an. Wilde Schreie durchdringen die Nacht. „Nichts wirkt integrationsfördernder als ein Adrena-

Yzeggus alias Cezary Kubacki gibt beim Rudern den Takt an. Die wüste Truppe stärkt sich, ehe sie zum nächsten Überfall aus dem Busch bricht

linstoß", meint Doktor Kubacki, als er am nächsten Tag den Trick mit dem Scheiterhaufen demonstriert. Das Feuer brennt nur in einer um die Holzplattform verlaufenden Rinne. Damit sich die Stämme nicht erhitzen und Feuer fangen, sind sie durch eine Isolierungsmatte geschützt.

Yzeggus hasst Banker und Workoholics. Wer mit einem Anzug nach Galindia kommt, muss am Marterpfahl schmoren, und dann bringen ihn die schönsten Konkubinen mit verführerischsten Tänzen um den Verstand. Er muss nachts auf die Wildschweinjagd gehen, durch Sümpfe kriechen oder als Sklave auf der Galeere über den Beldahnsee rudern. Direktoren und Vorstände großer Firmen ziehen Fuhrwerke, wiehern wie Pferde und laufen auf allen Vieren um die Wette. Schüchterne Buchhaltertypen müssen Keuschheitsgürtel anlegen und ausgelassen Cancan tanzen.

Von der Befriedigung sadomasochistischer Gelüste will Kubacki nichts hören. Auch den Vorwurf, Räuberspiele für ein spätpubertäres Publikum anzubieten, einen Paintball-Ersatz, weist der Mediziner empört zurück. Statt dessen spricht er von einer Lehrstunde in Geschichte und über die therapeutische Wirkung seiner Integrationsprogramme. Die Leute sollen Spaß haben, Hemmungen überwinden und aufeinander zugehen.

Kubacki gibt zu, dass er sich manchmal wundere, „was seriöse Leute alles mit sich machen lassen". Doch der Erfolg gibt seiner Methode Recht. Die Gästebücher sind voll der Lobeshymnen – auch von Betriebsausflüglern. Firmen aus Warschau, Danzig und Posen haben schon auf die Integrationskünste von Häuptling Yzeggus gesetzt, viele kommen sogar wieder.

Der Häuptling freut sich, dass sich die Kunde von seinem Volk im ganzen Land verbreitet. Man erkennt ihn, in Olsztyn (Allenstein) darf er ohne Schlangestehen einkaufen. Neulich, als er nach Australien reiste, berechnete ihm die Fluggesellschaft kein Übergepäck: Das Bodenpersonal wollte sich so für einen gelungenen Betriebsausflug nach Galindia bedanken.

Zum Unterhaltungsprogramm von Galindia gehören Hexensabbate und Zaubernächte, Abende am Lagerfeuer und Tafelrunden. Bei den Wahlen der besten und wildesten Konkubinen wird viel über die Reproduktion gescherzt, kein Wunder bei einem Volk, das ausgestorben ist. „Aber das Blut der Galinder pulsiert in unseren Adern", versichert Yzeggus. „Auch wir sind bereit, für unsere Freiheit zu kämpfen."

Der Aggressor ist heute die Europäische Union. Galindia müsse die absurdesten Normen erfüllen, klagt Doktor Kubacki. So dürfe Bigos, das polnische Nationalgericht, nicht mehrmals aufgewärmt werden, obwohl es dann am besten schmecke. Holzbestecke wurden als unhygienisch verboten. „Wie sollen wir da noch unsere Auerochsen-Haxe mit einem kalten halluzinogenen Getränk und einer heißen Konkubine servieren?" lamentiert Kubacki. „Die Wälder sind voll von Pilzen, doch wir dürfen sie nicht frisch von den Sammlern kaufen, sondern müssen geprüfte und verpackte nehmen." Die Behörden fordern eine Sterne-Klassifizierung des Hotels. „Haben Sie", schimpft der Häuptling, „schon mal eine Viersterne-Grenzfeste gesehen?"

Doch der fröhliche Lebemann Kubacki beruhigt sich schnell. Ein neues Spiel steht bevor, eine Expedition über den See ins Bernsteinland. Die Gefangenen werden in eine Art Wikingerschiff getrieben, der Häuptling bläst ins Horn, die Sklaven greifen zu den Rudern, die sich in ungeübten Händen sofort verhaken. Erst nach einigen Minuten finden sie endlich den Rhythmus und das Boot kommt voran.

Gäste, die sich würdig und wacker geschlagen haben, werden zum Schluss in die Gemeinschaft der Galinder aufgenommen. Sie erhalten eine Mini-Keule und einen Galinder-Namen.

„Galinder sind heute in der ganzen Welt verstreut", freut sich Yzeggus. Politiker und Künstler, Schauspieler und Musiker sind dabei. Auch die Vizepräsidentin der Osteuropabank in London, Hanna Gronkiewicz-Waltz. Als „Kämpfende Globalistin" muss sie nun die Sache der Galinder international vertreten. □

Andrzej Rybak, *Redaktionsmitglied der* Financial Times Deutschland, *wurde als „Umbo" in die Galinder-Gemeinschaft aufgenommen.*

Die große

Gezügelte Ekstase: Zu einem richtigen Ausritt gehört auch der scharfe Galopp durch das flache Wasser des Muckersees (Jezioro Mokre) in der Nähe von Galkowo

Trakehner, Ostpreußen, Wielkopolski und der Luxus unberührter Landschaft. Das ewig neue und alte Reiterland ist das Glück der Pferdenarren

Text: Charlotte von Saurma
Fotos: Walter Schmitz

Freiheit

Drei Leihwagen aus Liski (Liesken): Die Trakehner des früher berühmten Remonte-Gestüts gehen zum Geldverdienen auch im Gespann. Hier vor Hochzeitskutschen auf dem Weg nach Bartoszyce (Bartenstein)

Landschaften von gestern

Das Pferd gehört noch immer dazu – als unentbehrlicher Helfer und klassisches Zuchtprodukt

Turnierplatz einer neuen Gesellschaft

Der Reitsport bietet einen glänzenden Rahmen für das Leben am Wochenende, selbst wenn die Kohlernte darunter leidet

Herrenhaus Galiny (Gallingen): So pferdefein sah das Gut zur Zeit der Grafen Eulenburg nie aus. Die neuen polnischen Eigentümer bieten Reitsportlern hier eine luxuriöse Destination

Zwei im Gleichklang. Die Trakehnerzucht ist für die Menschen auf dem Land eher Herzenssache als Wirtschaftsfaktor

Ich hatte einen Traum. Wer ein Pferd besitzt, will es verstehen können. Denn außer den offensichtlichen Merkmalen wie Gangarten, Exterieur, Farbe und Brandzeichen ist da noch der Charakter. Wie reagiert es und warum? Wer waren seine Vorfahren? Was ist das für ein Land, aus dem es kommt? Mein Trakehner entstammt einer alten Stutenfamilie aus der Zucht der Fürsten zu Dohna-Schlobitten. Irgendwann wollte ich die Weiden sehen, über die seine Ahnen galoppiert waren, mit geblähten Nüstern, den Kopf hoch erhoben. Deswegen fuhr ich meinem Traum entgegen.

Pferdeland Ostpreußen. Sein berühmtes Hauptgestüt Trakehnen gibt es nicht mehr. Der Ort Trakehnen liegt wenige Kilometer jenseits der Grenze im heutigen Russland. Von den 25000 Stuten, den 1200 gekörten Hengsten Ostpreußens kamen viele in den Wirren des Krieges um. Andere wurden ins russische Staatsgestüt Kirow gebracht, viele blieben im Land, ein Teil davon kam in Gestüte wie Kadyny (Cadinen) und Liski (Liesken), 600 landeten in der Sowjetzone.

Von den 1500, die den Westen erreichten, waren ganze 27 Trakehner Gestütspferde: dank einer Flucht, die von Rassefanatikern als größter Ausleseprozess der Pferde-Geschichte und Beweis von ungeheurer Härte hochstilisiert wird. Mit wenigen Auserwählten wurde die Zucht neu aufgebaut, die einzige, in der Reinzucht betrieben wird: jene, aus der auch mein Wallach stammt.

Das frühere Südostpreußen blieb bis heute die Gegend der kleinen Züchter und Halter, wo es wieder die größte Konzentration reiner Trakehner in Polen gibt. Seit jeher hat hier die Zucht eine große Rolle gespielt; günstig dafür sind die ausgedehnten Ebenen mit ihren Weidegründen. Nach 1945 kreierte man hier das Großpolnische Pferd, das „Wielkopolski“: eine Warmblutrasse aus west- und ostpreußischem Pferdematerial, ergänzt durch verwandte Rassen deutscher Abstammung – für Laien ein genetisch undurchschaubares Labyrinth, zu denen auch die Trakehner gehörten. Oder sollte man sie nicht besser „Ostpreußen“ nennen? Die Grenzen zwischen dem polnischen Feld-, Wald- und Wiesenpferd und dem exquisiten Zuchterfolg Trakehner sind fließend, nur Zuchtspezialisten wie Antoni Pacynski mit ihrer fulminanten Ahnenkenntnis wissen die feinen Unterschiede. Aber den treffe ich erst später.

Nach Schlobitten, Słobity also.

Auf dem Weg dorthin liegt etwas abseits und nahe der Mierzeja Wiślana (Frische Nehrung) hinter alten Eichen versteckt das kleine Dorf Kadyny – früher Cadinen, die private Sommerresidenz Kaiser Wilhelms II., in der Prinz Louis Ferdinand noch bis 1945 wohnte. Geblieben sind ein heruntergekommenes Herrenhaus, das hier immer noch Palast genannt wird, und eben das Gestüt mit zwei Wachtürmen als Portal.

Die Verwaltungsgebäude und damit die besten Bauten hat ein Engländer 1990 in ein Country Hotel verwandelt. Der Rest, das heute staatliche Gestüt, besteht aus Remisen, einem Verwalterhäuschen und Scheunen, an denen die einstige Pracht schon vor langer Zeit abgeblättert ist. Ein paar Jährlinge dösen in den Paddocks, Zweijährige grasen auf einem kleinen Turniergrün – 70 sind es, davon 13 Zuchtstuten, die anderen zum Reiten: „Wielkopolski“, gröber, größer, schwerer als die „Ostpreußen“, mit Köpfen wie Eimer, würden meine deutschen Züchterfreunde gnadenlos urteilen. Gestütsleiter Mirek Luciewicz ist ein wortkarger, illusionsloser Staatsangestellter: „Seit der Wende“, und diesen Satz werde ich immer wieder auf allen Gestüten hören, „hat der Staat kein Geld mehr für Pferde.“ 500 Hektar Land hängen an dem Betrieb, zu viel für ein Gestüt, das sich selbst tragen muss. Nur Hotelgäste als Reiter. Nein, hier wollte ich nicht reiten.

In Bartoszyce (Bartenstein) treffe ich Dr. Antoni Pacynski, Zuchtleiter des polnischen Trakehner-Verbandes. Seit 1997 gibt es den wieder, doch für die eigenständige Zucht fehlt noch immer die staatliche Anerkennung. „Die Menschen hier wollen wieder ihre Rasse züchten dürfen“, sagt der 77-Jährige. Ein drahtiger kleiner Tiermediziner, eine Enzyklopädie der Abstammungslehre auf O-Beinen. Ja, er reite noch, natürlich, bis 1992 sei er in Liski Zuchtleiter gewesen wie schon sein Vater.

Und dann folgt eine endlose Suada über Haupt- und Nebenlinien, prasseln Namen wie Ramiro und Justin, Abglanz und Semper Idem …, und wir sitzen mit hochrotem

Kopf noch bis spät in die Nacht, enden bei Caprimond, Donnerhall, Pilot, bei den ganz großen Hengstnamen europäischer Zuchten, bei meinem Dorfnachbarn, den er von großen Turnieren kennt, und überhaupt ist die Pferdewelt doch sehr klein. „Aber morgen fahren wir zusammen zu Marek Romanowski", verspricht Antoni.

Es gibt die kleinen Krauter hier, die ihre Kartoffeln mit der Hand aus der Furche klauben und schwere Kaltblutstuten auf ihren Parzellen halten, weil die Aufzucht mehr Geld bringt als die der Kuh, des Schweins, erklärt mir später der Zuchtleiter im Hengstdepot Kętrzyn (Rastenburg), wo fast nur noch schweres polnisches Kaltblut in den einst größten Stallungen Europas steht: Bis zu 500 Kilo setzen die Fohlen pro Saison an, das kostet die Bauern nur das Gras – und Italiener lieben das Fleisch polnischer Kaltblutpferde. Die Stuten sehe ich im Vorbeifahren mit gefesselten Vorderbeinen auf den Weiden humpeln, das spart den Zaun und war schon immer so.

Und es gibt die Brüder Romanowski. Niemand weiß so recht, woher die beiden 12 500 Hektar Land zusammenbekommen haben. Jetzt haben sie Geld. Viel Geld, denn bei Sulowo (Schulen) leistet sich der ältere, Marek, ein Gestüt mit einem perfekten Turnierstall und einer Halle, riesig, hell und blechern („hab ich aus Russland"), ein altes Gutshaus, das er gerade sorgfältig renoviert für den idealen Reiterurlaub, und eben die Pferde. Mareks Stutenherde, alle Ramiro-Abkömmlinge, also Springpferde, grast auf sattgrünen Hügeln und da sehe ich ihn zum ersten Mal: den polnischen Trakehner-Brand, die doppelte Elchschaufel mit der Krone darunter. Romanowski ist das, was man einen Pferdemenschen nennt, ein Verrückter und Händler mit dem magischen Blick: Zu jedem Turnier fährt er mit dem Hänger – wer weiß, vielleicht gibt's ja ein gutes Pferd zu kaufen. Hier würde ich gern reiten. Aber Marek hat es eilig, dringende Geschäfte. „Nächstes Jahr, wenn die Ernte wieder so gut ist, dann ist das Gutshaus fertig, dann müssen Sie kommen!" Marek ist ein Maniak.

Seit den siebziger Jahren gibt es keine international erfolgreichen polnischen Turnierreiter mehr, keine Ludger Beerbaums und Isabell Werths, die in der Weltliga mithalten könnten. Ein Reiter ist immer so gut wie sein Pferd, aber das kostet Geld. Und das Geld beginnt erst jetzt wieder zu fließen in Polen, vor allem in Warschau. Galiny (Gallingen) aber hat es aus seinem Dornröschenschlaf wachgeküsst, das frühere Gut der Grafen Eulenburg lebt von dem Geld des Kosmetikgiganten Palyska. Es ist einer der wenigen ganz wiedererstandenen großen Landsitze (s. S. 84).

Es gibt vier Stallungen mit allem Komfort, Geranien blühen vor den Boxenfenstern, teures Mineralfutter stapelt sich in der Futterkammer, die Pferde glänzen, der Rasen ist englisch knapp gehalten und der Turnierplatz wird getoppt von einer Tribüne. Selbst der Auslauf ist kopfsteingepflastert, weil hier im Winter die Böden so schlammig sind. Spätestens 2005 wird man fertig sein und Galiny die luxuriöseste Reitpension des Landes. Auch hier bin ich noch zu früh.

Gałkowo liegt im schönsten Wasserstück Masurens. Da, wo die Krutynia (Kruttinna) sich vom Jezioro Mokre (Muckersee) durch die Puszcza Piska, den Landschaftspark der Johannisburger Heide, bis zum Jezioro Sniardwy (Spirdingsee) träge dahinschlängelt und unendlich viele Waldseen verbindet. Wo die Kiefern so hoch und hart wachsen, dass sie früher Flotten von Segelschiffen als Masten dienten, wo Alleen wie Walddome sind, Masuren das ist, wovon wir träumen. Galkowo, vor dem Krieg ein kleines Dorf aus holzgezimmerten Masurenkaten, ist heute ein Wochenendparadies von dezent teurer Schönheit, weil das neue Geld der Warschauer hier sensibel angelegt ist. Und mittendrin der Reiterhof von Wanda und Krzysztof Ferenstein.

Krzysztof sitzt am Reitplatz und scheucht mit der Flüstertüte eine Mädelschar, die ihre Trainer-C-Lizenz machen wollen. Alles Warschauerinnen, Mädchen mit Mumm, noch ein Sprung und noch einer, bitte, ihr wollt doch reiten, oder? Im Reiterstübchen knistert der Kamin, davor dösen Jagdhunde, aus der Küche duftet es nach Steinpilzsuppe. Die Ställe sind voll – Ostpreußen, Trakehner, Wielkopolski stehen in den Boxen, die ganze polnische Pferdelandschaft.

„Ja, wir wollten natürlich züchten, so haben wir '88 angefangen. Aber dann kam der Golfkrieg, war weniger Geld da. Jetzt bieten wir Reittourismus an, verdienen am Heu und züchten ein wenig", erzählt Wanda. Heute ist Galkowo der bekannteste Reiterhof nördlich von Warschau, manch einer bleibt gleich Wochen hier. Und dann reden wir wieder über Pferde und Zucht bis in die tiefe Nacht. Aber morgen werde ich reiten.

Der Waldweg ist schmal, zwischen den Kiefern immer wieder Laubbäume, die Sonne lässt die Eichen rot aufleuchten, die Birken gelb glühen. Manchmal muss man sich bücken unter dem Laub, die kleinen Anhöhen nehmen im Galopp, ganz leicht und beschwingt, meine Stute kennt den Weg viel besser als ich, also überlasse ich ihr die Führung, über mir der lichtblaue riesige Himmel mit dahinjagenden Wolkengebirgen, der so typisch ist für Masuren. Nur der

Sportpferd von internationaler Abstammung: Warschaus Geldelite kennt den Marktwert der modernen Zuchttiere

Tarpanähnliche Koniks: Die ehemalige Landrasse der Kleinbauern gibt es nur noch selten

Mühselig ist's nach Schlobitten

Stand der Sonne zeigt an, in welcher Himmelsrichtung wir uns bewegen. Was für ein Luxus. Abends vom Bett ein letzter Blick über die Koppeln. Im Halbschlaf höre ich noch das Schnauben der Pferde.

Zu Hause hatte ich Marion von Dönhoffs Buch „Namen, die keiner mehr kennt" gelesen. Von ihrem Wanderritt von Allenstein bis Angerburg mit Cousine Sissi von Lehndorff. Hatte versucht, den Ritt auf der Karte nachzuzeichnen. Irgendwo war ich dabei steckengeblieben, da, wo sie in einer der vielen Förstereien eingekehrt war. Alexandra von Dohna-Schlobitten hatte mir erzählt, dass sie selbst dort mit einer Freundin kürzlich zum Reiten hingefahren sei, in die Nähe von Prußowborrek. Dort wollte ich hin, nach Sasek Mały an den Jezioro Szoby (Großer Schobensee).

Auch der Reiterhof Sasek ist eine Försterei, ein gekalktes Fachwerkhaus. Im Innenhof stehen zwei lang gestreckte Holzgebäude, frühere Stallungen, in die übers Wochenende Familien aus Warschau gekommen sind. Am Ufer des Sees sitzen Kinder auf Pferden, wechseln sich ab mit Mama und Papa, die meisten sind Reitanfänger. Drinnen laden die Pensionsbesitzer, Ewa und Tadeusz Piórkowscy, an einen üppig gedeckten Tisch.

Am nächsten Morgen traben wir an Seen entlang, die wie blaue Murmeln aus dem Walddickicht aufleuchten, vorbei an dichtem Schilf- und Binsensaum und unter Erlenbrüchen, aus denen plötzlich ein Seeadler in den Himmel davonsegelt. Galoppieren auf federnden Waldwegen, die Pferde so sehr lieben. Stehen still, um zu schauen: eine tiefdunkle Seenlandschaft wie ein Labyrinth, später auf der Karte habe ich die Wege nicht wiederfinden können. Stege führen immer mal wieder aufs Wasser hinaus, auf einem harrt still ein Angler. Dann stehen wir im See; die Pferde lieben das kalte Wasser an den heiß gewordenen Gelenken und scharren mit den Hufen. Wie mein Wallach daheim, fällt mir ein. „Die Olga von Bismarck", erzählt Ewa lachend beim Weiterreiten und dreht sich im Sattel zu uns um, „die Olga, und das war im Frühherbst, wollte unbedingt baden gehen mit den Pferden. Haben wir auch gemacht, alles ausgezogen, den Sattel runter. Nur mussten wir hinterher eine Stunde nackend durch den Wald reiten, um wieder zu trocknen." Das ist die ersehnte Reiterfreiheit. Die Pferde gehen jetzt im Schritt, schnauben aus. Daheim bringen wir sie auf die Weide, sie fressen, sind ruhig.

Genau wie in meinem Traum.

Und dann bin ich doch noch nach Schlobitten gefahren, in den Nordwesten des alten Ostpreußen, wo die Güter groß waren und die Nachfolgebetriebe es immer noch sind. Über mühselige Wege an riesigen Ackerschlägen entlang, bis ich endlich davor stand: der einst größten barocken Schlossanlage Ostpreußens, einem der „Königsschlösser" mit weitem Park, Wirtschaftskomplex, einem Marstall. Habe mir den Eingang erkämpft durch den Garagentrakt und wucherndes Unkraut. Tief hingen die Wolken über der Ruine, schoben sich hinter die Fensterhöhlen der Fassade, im alten Schlossteich dümpelte Unrat, ein Storch hatte sein Nest oben auf einem Kaminstumpf gebaut.

Hierher, mein Pferd, hast du deinen Namen, von hier bist du gekommen. Aber gefunden habe ich dich woanders – in den Wäldern Masurens, in der sanften Hügelweite des Barten- und Ermlands. In Galkowo, in Sasek, in Galiny. □

Charlotte von Saurma *ist Mitglied der* MERIAN-*Redaktion.* **Walter Schmitz** *arbeitet vor allem als Sportfotograf.*

MERIAN | TIPP Ferien mit Pferden

REITERREISEN
„Pferd & Reiter" bietet an: Bernsteintrail an der Frischen Nehrung (ab und bis Danzig), Masuren-Heiligelinde-Trail (ab und bis Mikołajki/Nikolaiken) und ins „Reiterhotel Masuren" bei Giżycko/Lötzen.
www.pferdreiter.de

REITERHÖFE
(L 5) Gałkowo (Galkowen)
Stadnina koni Ferensteinów
Ausritte und Kutschfahrten, der frühere Spring-Crack Krzysztof Ferenstein unterrichtet. Unterkunft im fein renovierten Bauernhaus. Gute Küche.
Tel. (087) 425 70 73
www.galkowo.ibi.pl

(I/K 3) Galiny (Gallingen)
Betrieb ab 2005 (s. S. 84)

(K 5/6) Szczytno (Ortelsburg)
Reiterhof Sasek, Sasek Maly 14
Wunderbar für Familien.
Tel./Fax (089) 622 11 60
www.sasek.pl

(K 4) Widryny (Widrinnen)
Gestüt Heiligelinde
Landwirtspaar Werthmann züchtet und vermietet Zimmer.
Tel. (065) 21 51 53

(K 4) Lutry (Lautern)
Pensjonat Romanowski
Hotel am Jezioro Luterskie (Großer Lauternsee), Baden, Segeln, Reitanlage 15 km entfernt: Top-Pferde.
Tel. (089) 716 20 30
www.romanowski.pl

(H 5) Stare Jabłonki (Altfinken)
Pensjonat Wiking, Kątno 1
Herrenhaus im Wald am Jeziero Szelag (Schillingsee): Der Trakehnerzüchter Marek Szablinski gibt Reitunterricht.
Tel. (089) 641 14 27
www.mazury.com.pl

GESTÜTE
(F 3) Kadyny, Hauptgestüt
Unterricht, Ausritte. Unterkunft im Country Hotel Kadyny.
Tel. (055) 231 61 20
Kadyny Country Club (s.S. 134)

(K 3) Liski, Hauptgestüt
Polens größtes Trakehnergestüt ist heute vor allem eine Rinderzuchtanstalt. Gästezimmer.
Tel. (089) 762 32 22

(L 4) Kętrzyn, Landgestüt
Hengstdepot von 1877. Unterricht und Kutschfahrten.
Tel. (089) 752 51 71

>> weitere Tipps im Service-Teil ab Seite 110

Zur deutschen oder masurischen Minderheit rechnen sich 25 000 Menschen – oder mehr. Doch jeder Versuch, die Masuren zu definieren, muss aufs Glatteis führen

Wir sind wieder, aber wer?

Auf Jugendtreffen wird viel über die Identität diskutiert – im Deutschen Haus in Osterode gern jeder Besucher empfangen

Text: Tibor M. Ridegh

Ihre Sprache fiel gar nicht mehr auf, damals in den Fünfzigern gehörte sie auf den Wochenmärkten norddeutscher Kleinstädte längst dazu. Hinter den Ständen der Gemüsebauern halfen sie aus, die ostpreußischen Flüchtlingsfrauen. Vielleicht hatten sie früher auf eigene Rechnung Kohl und Kartoffeln ausgewogen, auf dem Markt von Sensburg oder Hohenstein, vor der Katastrophe. Irgendwann aber war der singende und bedächtige Dialekt, in dem immer eine leichte Vertraulichkeit mitschwang, in der neuen Nachkriegsheimat verstummt. Das Ostpreußische schien mausetot.

Das Ostpreußische ist quicklebendig. Die Sprache aus dem Gestern überrascht immer wieder, wenn man im Ermland und in Masuren nach dem Weg fragt, in einer Pension eintrifft oder ein Boot mieten möchte. Doch dass zum Beispiel Eckart Rudnik, der Urlauber auf der Kruttinna stakt, seine Späße in der Muttersprache macht und Schwester Adele in Wormditt (Orneta) so auch die Schätze von St. Johannis erklärt, beweist, dass eine mehr als vierzigjährige Polonisierungspolitik nur ein halber Erfolg war. Die hatte nach 1945 rigoros den Gebrauch der deutschen Sprache verboten, aber die damals im südlichen Ostpreußen Zurückgebliebenen und ihre Kinder reden seit der politischen Wende öffentlich wieder unbefangen in ihrer Mundart. Sie verstehen sich als Deutsche, Deutschstämmige oder Masuren.

Erstaunlich, wie rasch sich nach 1990 in den masurischen und ermländischen Kreisstädten 23 Gesellschaften der Deutschen Minderheit mit so schönen Namen wie „Bärentatze", „Herder", „Elch" oder „Tannen" etablierten. Letztere hat ihren Sitz in Osterode (Ostróda) in der ulica Herdera, der Herderstraße. Henryk Hoch, der Vorsitzende und auch Chef des Dachverbandes in Allenstein (Olsztyn), führt stolz durch die renovierte gelbe Villa, zeigt Büros, Bibliothek, Arbeitsräume, die Zimmer für Übernachtungsgäste. Dreimal die Woche Deutschunterricht für Kinder und Jugendliche, Tischtennismannschaft, Jugendtanzgruppe, Chor, Frauen- und Seniorengruppen, Samstagskindergarten, Sozialarbeit und Altherrenfußball – die etwa 1000 Mitglieder von „Tannen" bringen viel auf die Beine. Im Gesellschaftssaal ist eine große Kaffeetafel gedeckt, und da kommt er auch schon, der Bus aus Westdeutschland mit alten Osterodern.

„Tannen" verbindet eine Patenschaft mit der „Kreisgemeinschaft Osterode/Ostpreußen e.V." in Osterode/ Harz. 1994 folgte die Verschwisterung zwischen den namensgleichen Städten, 2001 zogen der polnische und der deutsche Landkreis nach. Das zählt sich so leicht auf, doch steinig war der lange Weg zur Normalität. Die spüren nun alle beim festlichen Empfang der Stadt Ostróda für die Partner aus Deutschland im Saal der Ordensburg, wo der „Tannen“-Chor deutsche Lieder singt und die Volkstanzgruppe „Mazur“ Polonaisen tanzt.

Niemand zählt mehr die gegenseitigen Besuche von Jugendlichen, Sportvereinen, Kommunalpolitikern und Feuerwehrleuten, und dabei haben die Deutschstämmigen eine Brückenfunktion. Für die polnischen Bürger von Ostróda ist die Verbindung zu „Tannen“ wie zur Stadt am Harz längst Alltag. Dass die deutsche Dreikaiserbrunnensäule, einst Wahrzeichen Osterodes, wieder aufgestellt wurde, ist schon kein Thema mehr. Man hat sie – ideal! - einfach zu einem Denkmal der europäischen Einheit umgewidmet. Doch jetzt, da die Integration der Deutschen – Henryk Hoch zum Beispiel war bis vor kurzem stellvertretender Vorsitzender des Stadtparlaments – endlich geglückt ist, stellt sich die Generationenfrage für die, wie Hoch schätzt, 25 000 oder mehr Deutschen im früheren südlichen Ostpreußen. „Unsere Jugendlichen, die mal die Arbeit übernehmen werden, sprechen nicht gut genug Deutsch“, sagt Hoch. „Nach der verlorenen Zeit ist viel nachzuholen, aber es fehlen uns deutsche Lehrer.“

„Das Leben hat durch die Polonisierung ‚andere Deutsche‘ aus uns gemacht“, sagt Tadeusz Willan, der Vorsitzende der Masurischen Gesellschaft und Herausgeber der *Masurischen Storchenpost* in Allenstein. „Weil die meisten unserer Nachkommen aus Mischehen stammen, ist unsere Identität sehr komplex geworden. Doch die wichtigsten Schichten unseres Selbstverständnisses sind die Erinnerungen an das Zuhause, die deutsche Muttersprache und die deutsche, ostpreußische Literatur, die Landschaft, die Kirchengemeinde und unsere geschichtliche Verwurzelung als Masuren. Unsere Gesellschaft versteht sich als eine Vertretung der deutschen Masuren in Polen und der Deutschen masurischer Abstammung, die nach Deutschland vertrieben wurden oder umgesiedelt sind.“

Die Masuren hatten überwiegend slawische Wurzeln, wanderten seit dem 14. Jahrhundert aus dem benachbarten Masowien ein, sprachen einen polnischen Dialekt, wurden aber nach Einführung der Reformation in Preußen evangelisch. „Für einen Masuren“, schreibt Andreas Kossert, der vielleicht kenntnisreichste Masuren-Experte in seinem Buch „Masuren“, „war es überhaupt kein Wiederspruch, auf Polnisch stolz zu verkünden: *Jestem Prußiakem* (Ich bin ein Preuße). Die Masuren gaben bis ins 20. Jahrhundert ein Beispiel dafür, dass Sprache, Kultur und nationale Identität nicht kongruent sein müssen.“

Am Nationalismus ist im 20. Jahrhundert ein friedliches Verhältnis zwischen Deutschland und Polen dramatisch gescheitert. Die Masuren saßen dabei zwischen allen Stühlen und wurden zu Opfern. Den Deutschen waren sie zu polnisch, den Polen zu deutsch, was schon von besonderer Pikanterie ist, wenn polnische Familien Hausner, Deutsche aber Waszkiewicz heißen. Wer sich nach 1945 von den nach polnischer Lesart „zwangsgermanisierten Polen“ nicht „repolonisieren“ ließ, musste raus – zunächst die Vertriebenen und auf eigenen Wunsch noch bis in die achtziger Jahre jene Umsiedler, die sich mit Polen zwar gern arrangiert hätten, aber die Diskriminierungen nicht mehr ertragen wollten.

Die Masuren, sagt Tadeusz Willan, sterben aus. Die 1200 Mitglieder zählende Masurische Gesellschaft, die sich längst den anderen Minderheiten, den Ukrainern, Litauern und Weißrussen, geöffnet hat, bleibt dennoch aktiv mit Festen, Jugendseminaren und deutschen Literaturveranstaltungen. Einen Namen machten sich die regelmäßigen „Kruttinner Gespräche“, zu denen Wissenschaftler, Journalisten und Vertreter anderer europäischer Minoritäten kommen, häufiger Nordschleswiger und Rätoromanen. Vielleicht werden die Minderheiten eines Tages nicht die Nachzügler im EU-Integrationsprozess sein, sondern die Avantgarde. □

Tibor Ridegh *ist Redakteur des Heftes.*

MERIAN-Top Ten

Was Sie unbedingt sehen, erleben, erfahren sollten:

1. **Roter Saal des Rathauses und Artushof** (Danzig) Die prächtige Ausstattung des Großen Ratssaals, vor allem die kunstvollen Deckengemälde bewundern. Diese schönen Eindrücke nebenan im Artushof, dem alten Versammlungshaus der Danziger Patrizier und Bruderschaften, komplettieren.
2. **Marienkirche** (Danzig) Vom Turm aus 78 m Höhe das eindrucksvolle Häusermeer der wieder aufgebauten Stadt erleben.
3. **Restaurant Pod Łososiem** (Danzig) In diesem hanseatischen Nobelrestaurant ein Lachsgericht bestellen und das Mahl mit einem Danziger Goldwasser beschließen.
4. **Kathedrale in Oliva** (Danzig) Unter dem schönen Sterngewölbe einem Konzert auf der mit 7876 Pfeifen ausgestatteten kostbaren Rokoko-Orgel lauschen.
5. **Mole von Zoppot** (bei Danzig) Auf dem 516 m langen Seesteg die Sonne und ein Eis genießen.
6. **Dünen von Leba** (Kaschubei) Bei einer Wanderung zur 42 m hohen Riesendüne Lontzker Berg (Łacka Góra) das richtige Wüsten-Feeling spüren.
7. **Marienburg** Sich im riesigen Sommerremter unter gotischen Bögen und hoch über der Nogat wie der Hochmeister fühlen.
8. **Oberländischer Kanal** (Masuren) Mit dem Ausflugsschiff zwischen Elbing (Elbląg) und Osterode (Ostróda) nicht nur über Wasser, sondern auch über Land und Hügel gleiten.
9. **Frauenburg** (Ermland) Vom Radziejowski-Glockenturm auf dem Kathedralhügel auf den Backsteindom und weit über das Frische Haff gucken.
10. **Kruttinna** (Masuren) Sich wenigstens einige Stunden im Kanu auf dem zauberhaftesten Flüsschen Masurens zwischen Wald- und Wiesenufern dahintreiben lassen.

Felder, hier und da ein kleines Gehöft und gewiss hinter den Hügeln der nächste See: das ist Masuren

Von der Vielfalt der Namen

Alte und neue Begriffe purzeln durcheinander. Doch daran stören sich heute nur noch die wenigsten

„Namen die keiner mehr nennt" lautete der Titel eines vor vielen Jahren dem Heimatgedenken gewidmeten Buches von Marion Gräfin Dönhoff. Die große Ostpreußin hätte heute wahrscheinlich eine andere Titelwahl getroffen: Nikolaiken, Elbing, Allenstein oder der Mauersee und das Frische Haff sind wieder ins Bewusstsein gelangte Bezeichnungen, die inzwischen auch von Polen und polnischen Publikationen in deutscher Sprache ganz unverkrampft benutzt werden. So geschieht es auch in diesem Heft, selbstverständlich bei gleichzeitiger Nennung der polnischen Namen. Auf die zur nationalsozialistischen Zeit eingeführten volkstümelnden Namen (z. B. „Nickelshorst" für ehemals Galkowen, heute Gałkowo) verzichten wir. Ähnlich verfahren wir bei den Regionen, die wir als eine geschlossene Urlaubslandschaft vorstellen und die man auch durchaus in zwei bis drei Wochen kennen lernen kann: die Wojewodschaften Pomorze (Pommern) mit Gdańsk (Danzig) als Hauptstadt und Warmia i Mazury (Ermland und Masuren) mit der Hauptstadt Olsztyn (Allenstein). Ermland und Masuren sind historisch weitgehend deckungsgleich mit dem 1945 an Polen gelangten südlichen Ostpreußen, mit der Wojewodschaft Pommern ist es etwas komplizierter: Sie umfasst den östlichen Teil des früheren Hinterpommern, große Gebiete des bereits 1920 an Polen abgetretenen Westpreußen (in beiden Gebieten befindet sich die Kaschubei) und die ehemalige Freie Stadt Danzig. Mit dem Titel „Masuren, Danzig und die Ostseeküste" ist (der Redaktion durchaus bewusst) das Themengebiet nicht hundertprozentig präzise benannt. Eigentlich hätten auch Natangen (zum Teil), das Bartenland und das Oberland noch erwähnt werden müssen, aber das hätte die Übersicht noch komplizierter gemacht. Sie werden von polnischen wie deutschen Touristikern heute zur Ferienregion Masuren gerechnet – Masuren heißt es übrigens, nicht „die" Masuren. Wir reisen ja schließlich auch nicht in „die" Pommern. *T.M.R.*

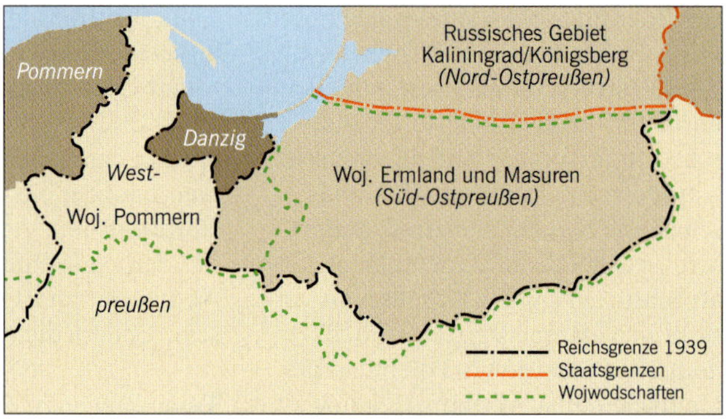

REISETIPPS

Reisedokumente
Der Personalausweis reicht für EU-Bürger seit dem EU-Beitritt Polens für die Einreise bis zu drei Monaten aus.

Zahlungsmittel
Währung ist der Złoty (Zł oder PLN) = 100 Groszy. 100 Euro entsprechen 455 Zł (Stand Juni 2004). Bankautomaten sind so weit verbreitet, dass man kaum in die Verlegenheit der Zahlungsunfähigkeit kommt. Banköffnungszeiten: sehr häufig Mo-Fr 7.30-17, Sa 7.30-14 Uhr. Wechselstuben heißen „kantor". Geld nicht auf der Straße tauschen – die Betrugsgefahr mit aus dem Verkehr gezogenen Noten ist groß. Die meisten Hotels, viele Restaurants und Geschäfte nehmen die gängigen Kreditkarten an.

Gesundheit
Arztpraxen sollten nach dem EU-Beitritt den Auslandskrankenschein E 111 der gesetzlichen Krankenkassen akzeptieren. Dennoch wird der Abschluss einer Auslandskrankenversicherung empfohlen. Die Badegewässer sind gesundheitlich unbedenklich mit Ausnahme weniger Seen in Masuren (nachfragen), der Danziger Bucht (Ostseeseite unbedenklich) und des Frischen Haffs (Zalew Wiślany).
999 ist die landesweite und gebührenfreie Telefonnummer des Rettungsdienstes.

Reisen mit dem Auto
Die meisten westlichen Autovermietungen erlauben nicht den Grenzübertritt nach Polen. Für den Privatwagen ist die Grüne Versicherungskarte zwar nicht mehr erforderlich, sollte für eine Übergangszeit jedoch noch mitgenommen werden. Das Fahren auf der Fernstraße 7 (E 77) von Danzig Richtung Warschau und auf der Fernstraße 16 von Grudziąz über Ostróda, Olsztyn und Ełk nach Augustów ist wegen des starken Schwerlastverkehrs anstrengend, besser Alternativen wählen. Polnische Autofahrer setzen voll und ganz auf ihren Schutzengel. Wo immer möglich: das Auto auf einem bewachten Parkplatz abstellen! Das Tankstellennetz ist relativ dicht, bleifreies Benzin mit einem durchgestrichenen „Pb" gekennzeichnet. Die Alkohol-Promillegrenze ist 0,2.

Notfall-Hotline
Deutschsprachiger Service. **Die Nummer 0800 200 300** ist vom 1. Juni bis 31. August täglich von 8-24 Uhr kostenlos von jedem polnischen Festnetzanschluss erreichbar. Vom eigenen Handy erreicht man den Notfalldienst unter der Nummer **0048 22 601 55 55.** Es fallen die üblichen Gebühren für Telefonate im Ausland an. Bei Panne oder Unfall organisiert der Hotline-Mitarbeiter erforderliche Hilfe.

Zoll nach EU-Beitritt
Grundsätzlich besteht freier Warenverkehr, die Zollkontrollen sind entfallen (nicht aber die Personenkontrollen, weil Polen nocht nicht „Schengen-Land" ist). Die Einfuhr billiger polnischer Zigaretten nach Deutschland ist auf 800 Stück begrenzt, beim preiswerten Benzin bleibt es bei 20 Liter im Reservetank. Es werden Stichprobenkontrollen im deutschen Hinterland durchgeführt!

Konsularvertretung
Deutsches Generalkonsulat
al. Zwycięstwa 23
80-219 Gdańsk (Wrzeszcz)
Tel. (058) 340 65 40/50
Fax 340 65 60
zreg@danz.auswaertiges-amt.de
Sprechzeiten Mo-Fr 8-11 Uhr

EINKAUFEN

Bernstein steht unter den Souvenirs von der polnischen Ostseeküste an erster Stelle. Die größte Auswahl auch in modischer Schmuckform haben die Danziger Fach- und Juweliergeschäfte in der ul. Mariacka (Frauengasse) und der ul. Długie Pobrzeże (Lange Brücke). Sonstiges: kaschubische Keramik und Stickereien, Korbwaren, Honig und getrocknete Pilze aus Masuren. Antiquitäten, Kunst, Bücher und andere Gegenstände aus der Zeit bis 1945 können nur mit Genehmigung der Denkmalbehörde der Wojewodschaften ausgeführt werden. Viele Kaufhäuser in Städten und Touristenzentren sind werktags bis 20 Uhr, Supermärkte sogar bis 22 Uhr geöffnet, an den Wochenenden etwa bis 13 Uhr.

INFO | INHALT

Regatta in Gdingen

Grunwald: Ritterspiele

INFO | LEGENDE

Alle Adressen im Info-Magazin sind MERIAN-Empfehlungen.
Preiskategorien Hotels (mit Frühstück): € DZ 50-75 €
€€ DZ 75-100 €, €€€ DZ über 100 €
Preiskategorien Restaurants (für ein Hauptgericht):
€ bis 10 €, €€ 10-15 €, €€€ mehr als 15 €

Die geographischen Angaben zu den Orten und Adressen (z. B. Olsztyn/Allenstein I 5) beziehen sich auf die MERIAN-Karte (S. 131-133), in Gdańsk/Danzig (hier kleine Buchstaben (z. B. b3) auf den Stadtplan der Faltkarte.

Landesdaten

Wojewodschaft Ermland und Masuren (Warmia i Mazury)
Hauptstadt: Olsztyn (Allenstein)
Fläche: 24 200 km² (etwas größer als Mecklenburg-Vorpommern), unter den polnischen Wojewodschaften an vierter Stelle)
Einwohner: 1,468 Millionen, mit 61 Personen pro km² geringste Bevölkerungsdichte in Polen. 60 % leben in den Städten. Etwa 10 % gehören zu den nationalen Minderheiten, darunter rund 100 000 Ukrainer, 25 000 Deutsche, 3000 bis 5000 Weißrussen, 1000 Roma.
Größte Städte: Olsztyn (Allenstein) 170 000 Ew., Elbląg (Elbing) 130 000 Ew.
Wirtschaft: Land- und Forstwirtschaft, Industrie (v. a. in Olsztyn und Elbląg), Tourismus. Die Arbeitslosenquote von 30,6 % ist die höchste in Polen.
Natur: Endmoränenlandschaft mit etwa 3000 Seen und vielen kleinen Flüssen. 29 % der Fläche sind bewaldet.

Wojewodschaft Pomorze (Pommern)
Hauptstadt: Gdańsk (Danzig)
Fläche: 18293 km² (etwa so groß wie Sachsen)
Einwohner: 2,189 Millionen (120 Personen pro km²), Polen, Kaschuben, Deutsche
Größte Städte: Danzig (459 000 Ew.) bildet mit Zoppot (50 000 Ew.) und Gdingen (254 000 Ew.) die so genannte „Dreistadt" (Trójmiasto)
Wirtschaft: Landwirtschaft, Fremdenverkehr, in Danzig Dienstleistungen, Transport, Schwer- und Leichtindustrie. Arbeitslosigkeit 21,5 %
Natur: Fluss- und seenreiche Moränenlandschaft, Tiefland des Weichseldeltas und die lange Ausgleichsküste der Ostsee.

AUSKÜNFTE

POLSKA
Polnisches Fremdenverkehrsamt
Kurfürstendamm 71
10709 Berlin
Tel. (030) 21 00 92-0
Fax 21 00 92 14
info@polen-info.de

Ein Spezialreisevermittler ist
welcome2masuria
Schivelbeiner Straße 47
10439 Berlin
Tel. (030) 44 79 30 04
Fax 44 79 30 05
info@welcome2masuria.com
www.welcome2masuria.com

Viele nützliche Informationen s. Seite 115 (Site-Seeing)

FESTE UND FESTVALS

(D 2/3) Gdańsk (Danzig)
Dominikanermarkt
Tradition seit dem 13. Jh. Antiquitäten, Handwerk, Trödel. Mindestens genauso interessant die (wechselnden) Begleitprogramme: Straßentheater, Konzerte der Baltischen Philharmonie, Bootsregatten
August, 1. und 2. Woche

Internationales Festival Musica Sacra
Chor-, Orgel- und Kammermusik in den Danziger Kirchen mit weltweit berühmten Künstlern.
Juli
Musica sacra in der Kathedrale von Oliva (Oliwa) Di und Fr von
Juni bis August

(L 4) Mrągowo (Sensburg)
Country Picknick
Eines der größten Countrymusik-Festivals mit internationalen Bands am Schoß-See.
Juli, letztes Wochenende

(D 1) Puck (Putzig)
Meereswallfahrt
Pilgerfahrt der kaschubischen Fischer auf der Danziger Bucht.
29. Juni

(H 6) Grunwald
Ritterspiele
Nach dem historischen Ergebnis von 1410 dürfen in der nachgestellten Schlacht, dem größten Spektakel dieser Art in Europa, immer nur die polnisch-litauischen Krieger gegen die Ordensritter gewinnen.
15. Juli

(D 2) Sopot (Zoppot)
Internationales Liederfestival
Schlager und Folklore auf der berühmten Waldbühne.
August

Sopot Molo Jazz Festival
Jazz und Rock auf dem langen Seesteg, international.
August

LITERATUR
REISEFÜHRER

Polen. Der Norden. Ostseeküste und Masuren
Izabella Gawin, DuMont Reiseverlag 2002, 22,50 €, neue Auflage im Juli 2004. Starker landeskundlicher Teil, gute lokale Tipps, kleine Hintergrundgeschichten. Übersichtlich.

Masuren entdecken
Maren Rathke, Trescher Verlag 2004, 13,95 €. Sehr landschaftsorientiert, gut für Aktivurlauber.

Danzig & Ostpommern
Vis-à-vis Reiseführer, Dorling Kindersley Verlag 2000, 20,90 €. Fülle an Informationen und praktischen Tipps. Wunderbar anschaulich durch viele Bilder, Zeichnungen und Detailansichten.

Polens Ostseeküste & Masuren
Brigitte Jäger-Dabek, Iwanowskis Reisebuchverlag 2003, 19,95 €. Von der Historie bis zur Ortsbeschreibung: umfassend. Viele Infokästen und Hintergrundgeschichten.

Polens Norden Ostseeküste und Masuren
Kristine Jaath, Reise Know-How 2003, 17,50 €. Kompakt, informativ, viele Schwarzweiß-Fotos und Stadtpläne.

MERIAN-orbit
Überraschend aus der Sicht aus 705 km Höhe sind die schmalen und langen Linien der Ostseestrände. Im Westen ist der Baltische Landrücken deutlich zu erkennen, der vom Werder, der Weichselniederung unterbrochen wird und sich östlich davon fortsetzt. Hier fällt die Geschlossenheit der großen masurischen Waldgebiete auf. Die Seen sind von unterschiedlicher Färbung – je dunkler, desto größer die Wassertiefe. Das Frische Haff ist nahezu pastellfarben und in der Tat sehr flach.

DATEN | WETTER

Masuren	Jan.	Feb.	März	Apr.	Mai	Juni	Juli	Aug.	Sept.	Okt.	Nov.	Dez.
Tagestemperaturen in °C	-1	0	5	11	18	21	22	21	17	11	5	1
Nachttemperaturen in °C	-6	-6	-2	2	7	10	13	12	8	4	0	-3
Sonnenstunden/ pro Tag	1	2	4	5	8	8	8	7	5	3	1	1
Regentage/ pro Monat	10	8	8	9	9	10	11	10	9	8	9	10

Der Nordosten Polens liegt im Übergangsgebiet des maritimen westeuropäischen und des kontinentalen osteuropäischen Klimas. Wochenlange Hitze im Sommer (kräftige Gewitter im Juli) und eiskalte Winter (tiefste je gemessene Temperatur -37°C in Olecko) sind ebenso möglich wie gemäßigte Großwetterlagen. Im Juli erwärmen sich die Seen allemal auf 20°C, was von den Ostseewellen nicht unbedingt gesagt werden kann. Der Hochsommer ist die Hauptreisezeit – doch Mai, September und Oktober haben auch große Reize.

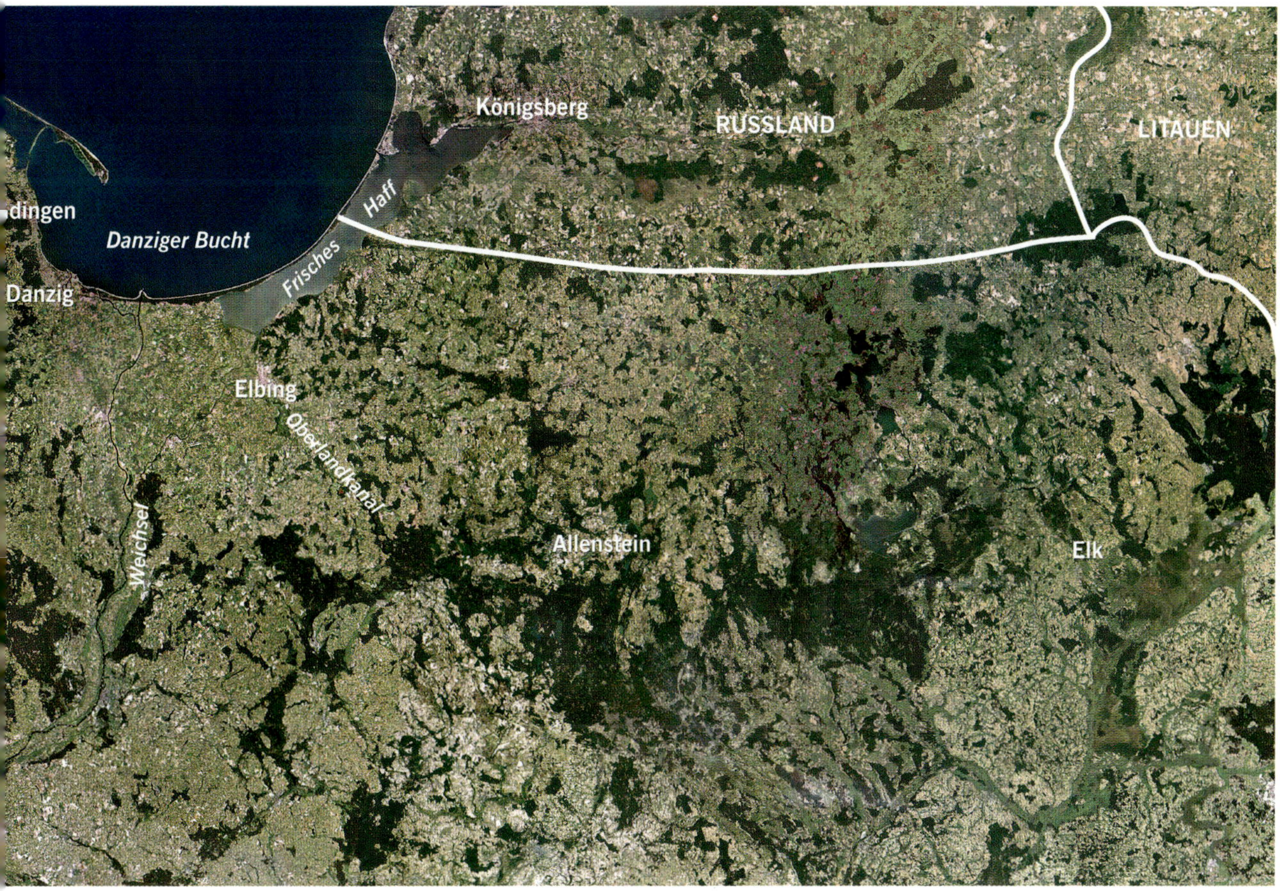

Kaschubei und östliches Hinterpommern
Jarosław Ellwart, Region Verlag Gdynia 2000. Touristisches Lese- und Handbuch mit vielen Insiderinformationen. In polnischen Buchhandlungen.

Masuren
Jerzy Szynkowski, Kengraf Verlag Kętrzyn 2001. Wunderbare Reise in die Natur und Kultur Masurens mit Gedichten und zahlreichen Bildern. Zu beziehen in Buchläden vor Ort.

SACHBÜCHER

Masuren. Ostpreußens vergessener Süden
Andreas Kossert, Siedler Verlag 2001, 28 €. Das Standardwerk über Masuren und die Masuren. Der Autor, einer der kompetentesten Experten, stellt das historische und kulturelle Erbe sowie den Lebensalltag der Masuren bis zur Vertreibung in den Mittelpunkt.

Kindheit in Ostpreußen
Marion Gräfin Dönhoff, Btb bei Goldmann 1998, 7,50 €. Kindheitserinnerungen der einstigen „Zeit"-Herausgeberin, eingebettet in historische Zusammenhänge.

Ostpreußen ade
Ralph Giordano, dtv 1996, 10 €. Eindringliches Porträt Ostpreußens.

Jokehnen
Arno Surminski, Ullstein 2003, 8,95 €. Geschichte eines Kriegsüberlebenden.

Fernes nahes Land
Klaus Bednarz, Hoffmann und Campe 1995, 19,95 €. Begegnungen mit und in Masuren.

BELLETRISTIK

Heimatmuseum
Siegfried Lenz, Hoffmann und Campe 1978, 17,95 €. Vom tragischen Kampf eines masurischen Teppichwirkers um die Traditionen seiner Heimat.

Danziger Trilogie: Die Blechtrommel, Katz und maus, Hundejahre
Günter Grass, dtv 1997, 14,50 €. Unerlässlich.

Die Milchstraße
Artur Becker, Hoffmann und Campe 2002 17,90 €. Geschichten von Menschen zwischen Ermland-Masuren und New York, zwischen Sehnsucht und Fremdheit.

Tod in Danzig
Stefan Chwin, Rowohlt 1999, 8,50 €. Ein Roman über Begegnungen heimatvertriebener Polen mit ihrer Vergangenheit.

Danzig. Ein Lesebuch
Diethard H. Klein, Heike Rosbach, Husum Verlag 1990, 8,95 €. Danzig gestern und heute. Gedichte, Briefe, Sagen und Geschichten.

Mercedes-Benz
Paweł Huelle, C. H. Beck 2003, 17,90 €. Liebes- und Familiengeschichte, die nebenbei die wechselvolle Geschichte Polens im 20. Jh. erzählt.

Silberregen. Danziger Erzählungen
Paweł Huelle, Rowohlt 2000, 19 €. Sieben poetisch nostalgische Geschichten in und um Danzig.

HÖRBUCH

Mit Marion Gräfin Dönhoff durch Masuren 1941
Gelesen von Angelika Thomas, Vorwort von Marion Gräfin Dönhoff, Audio Verlag 2001, 15,95 €. Basierend auf dem Reisetagebuch der Gräfin Dönhoff, die 1941 mit ihrer Cousine eine Reise zu Pferd antrat.

BILDBÄNDE

Danzig in 144 Bildern
Hans B. Meyer, Verlag Rautenberg 2002, 12,95 €. Danzig im Schwarzweißfotos, so wie es vor dem Krieg aussah.

Masuren. Ein Land wie aus einer anderen Zeit.
Andreas Ehrhard, Bernhard Pollmann, Bruckmann Verlag 2002, 39,90 €. Idyllische Landschaften und jahrhundertealte Kultur in Bildern mit Hintergrundgeschichten.

Masuren
Axel M. Mosler, Axel Schenk, C. J. Bucher Verlag 2002, 15,95 €. Stimmungsvolle Bilder mit Erläuterungen und Reisetipps.

MERIAN | TIPP

Wo der Anfang vom Ende begann

Vor dem Tor 2 zur Danziger Werft (Stocznia Gdańska), früher „Lenin-Werft", stehen drei 42 Meter hohe Stahlkreuze, an denen Ketten und Anker hängen. Die Errichtung des Denkmals für die 28 im Dezember 1970 erschossenen Arbeiter und Demonstranten war eine der Forderungen der streikenden Werftarbeiter von 1980. An den Streik, die Gründung von Solidarność und die Verhandlungen dieser ersten freien Gewerkschaft des Ostblocks mit den kommunistischen Machthabern erinnert die Ausstellung „Wege zur Freiheit" in der Werft.

(b 1) Denkmal der gefallenen Werftarbeiter (Pomnik Poległych Stoczniowców) „Drogi do Wolności" („Wege zur Freiheit")
ul. Doki 1 Di-So 10-16 Uhr (im Sommer bis 17 Uhr) Ausstellung 5 Zł

Marienkirche und die barocke Königliche Kapelle

Das Goldene Haus am Langen Markt mit Allegorien und historischen Gestalten

DANZIG (GDAŃSK)

(a/b 4) Rechtstadt (Główne Miasto)
Langgasse und Langer Markt (ul. Długa und Długi Targ) Prächtige Patrizierhäuser, der Neptunbrunnen, das Rechtstädtische Rathaus mit dem schlanken Turm und der Artushof bestimmen das Bild der „guten Stube" Danzigs. Der historische Königsweg, heute die Promeniermeile mit Cafés und Restaurants beginnt am Goldenen Tor (Złota Brama) und führt zum Grünen Tor (Brama Zielona), das den Langen Markt zur Mottlau (Motława) abgrenzt.

(a 3/4) Goldenes Tor (Złota Brama)
Manieristischer säulengegliederter Bau (1612-14) mit Adaptionen eines Triumphbogens, reiches Dekor, allegorische Figuren und bürgerliche Tugenden beschwörende Inschriften auf Deutsch und Lateinisch.

(b 4) Uphagen-Haus (Dom Uphagenów)
Spätbarock-frühklassizistisches Patrizierhaus. Großbürgerliche Wohnkultur des 18. Jhs.
ul. Długa 12 Di-Sa 10-16 Uhr So 11-16 Uhr, 6 Zł, So frei

(b 4) Rechtstädtisches Rathaus (Ratusz Głównego Miasta)
Im 15./16. Jh. neu gebaut, heute Stadtmuseum. Prachtstück ist der Rote Saal (Großer Ratssaal, 1593-1608) mit allegorischen Deckengemälden (zentral: „Der Handel Danzigs"), kostbaren Friesen und einem Kamin (1593) niederländischer Künstler.
ul. Długa 47 Di-Sa 10-17, So 11-17 Uhr (im Sommer je 1 Std. länger), 5 Zł , 9 Zł mit Artushof

(b 4) Artushof (Dwór Artusa)
Spätgotischer Repräsentationsbau, Versammlungsort der Patrizier und Kaufleute, später Börse. In der dreischiffigen Halle mit von vier schlanken Pfeilern getragenen Sterngewölben befinden sich ein 12 m hoher Kachelofen (16. Jh., rekonstruiert) und das Hochrelief „Der hl. Georg und der Drache" (ca. 1485).
Długi Targ 43/44 Zeiten wie Rathaus, Billetts dort, 12 Zł, eingeschlossen Artushof und Uphagen-Haus

(b 4) Neptunbrunnen
Vor dem Artushof. Eine elegante Figur des Neptun (1615) krönt den berühmten Rokokobrunnen mit dem filigranen Gitterwerk.

(b 4) Goldenes Haus (Złota Kamienica)
Eine der schönsten Fassaden Danzigs. Mythologische und geschichtliche Gestalten verzieren Gesimse und Pilaster.
Długi Targ 41

(c 4) Grünes Tor (Brama Zielona)
Als königliches Logis geplant. Darum wirkt der manieristische Bau eher wie ein Palais.

(c 3) Krantor (Żuraw)
An der Mottlau. Ursprünglich Hafenkran (1442-44, nach 1945 neu aufgebaut), heute Teil des Meeresmuseums. Interessant ist das Hebewerk innen. Ausstellung „Leben im Danziger Hafen vom 16.-18. Jh."
ul. Szeroka 67/68 Di-So 9.30-16, im Sommer bis 18 Uhr, 4 Zł

(b/c 4) Frauengasse (Mariacka)
Die schönste wiederhergestellte Straße mit den für Danzig typischen, den Kaufmannshäusern vorgesetzen „Beischlägen" (Terrassen). Galerien, Bernsteingeschäfte, Cafés.

(b 3/4) Marienkirche (Kościół Mariacki)
Größter Sakralbau der Backsteingotik, zerstört und wieder aufgebaut. Zahlreiche spätmittelalterliche Kunstwerke: Hochaltar mit der Krönung Mariens, „Das Jüngste Gericht" von Hans Memling (Kopie, s. Nationalmuseum) und 14 m hohe Astronomische Uhr (1464-1470) von Hans Düringer.

ALTSTADT (STARE MIASTO)

(b 2) Große Mühle (Wielki Młyn)
Die Getreidemühle des Deut-

schen Ordens (um 1350) am Radaunekanal, einer der größten Wirtschaftsbetriebe des Mittelalters, wurde von 12 bis 18 Mühlrädern betrieben. Unter dem riesigen Satteldach befindet sich eine Shopping Mall.

OLIVA (OLIWA)

(a 1) **Kathedrale (Katedra)**
Die ehemalige Klosterkirche der Zisterzienser hat ein wunderbares Sterngewölbe. Berühmte Orgel (110 Stimmen, 7876 Pfeifen) im Rokokostil. Täglich kurze Orgelkonzerte zur Präsentation: im Sommer stündlich außerhalb der Gottesdienstzeiten, im Winter um 12 Uhr, im Frühjahr häufiger. Auskunft bei der Touristeninformation:
Tel. (058) 301 91 51
biuro@pttk-gdansk.pl

LANGFUHR (WRZESZCZ)

(a 1) **Vitaler Vorort** mit Geschäftsstraßen (Aleja Grunwaldzka), klein- und großbürgerlichen Vierteln. In der Lelewela 13 (Labesweg) nahe der S-Bahnstation Wrzeszcz das Geburtshaus von Günter Grass; in Jaśkowa Dolina (Jäschkental) schöne alte Villen.

MUSEEN/GEDENKSTÄTTEN

(a 5) **Nationalmuseum (Muzeum Narodowe)**
Im alten Franziskanerkloster. Gotische Kunst, Gemälde (bis 20. Jh.), Danziger Goldschmiedekunst, Möbel. Berühmt: der Flügelaltar „Das Jüngste Gericht" von Hans Memling (1472/73 aus St. Marien).
ul. Toruńska 1 Di-Fr 9-16 Uhr Sa, So 10-16 Uhr, 5 Zł

(c 3) **Meeresmuseum (Centralne Muzeum Morskie)**
Sehr gute moderne Präsentationen zur See- und Weichselschifffahrt und der Hansegeschichte Danzigs, Funde aus Schiffswracks. Meist polnische Beschriftungen.
ul. Ołowianka 9-13
Di-So 10-16 Uhr, 4 Zł-12 Zł

Gdingen: Vitale Hafenstadt mit spätsozialistischem Hauch

(c 2) **Polnische Post (Poczta Polska)**
Hier hielten polnische Postler am 1. September 1939 dem deutschen Angriff 14 Stunden lang heldenhaft stand (s. Grass „Die Blechtrommel"). Kleines Museum, bizarres Denkmal.
ul. Obrońców Poczty Polskiej 1
Di-Fr 10-16, Sa, So 10.30-14 Uhr, 3 Zł, So frei

(a 1) **Westerplatte**
Mit der Beschießung des Depots der polnischen Armee durch das Kriegsschiff „Schleswig-Holstein" begann der Zweite Weltkrieg. Denkmal in einem weitläufigen Park, gute Aussicht über die Danziger Bucht.
Passagierschiff ab Mottlauufer
mehrmals tgl., 34 Zł

ZOPPOT (SOPOT)

Berühmter Badeort mit prächtigen Villen aus den Gründerzeitjahren, die ihren alten Glanz zurückerhalten. Spielcasino, Schwimmbäder, Pferderennbahn. Größter Anziehungspunkt ist die Mole, die 512 m ins Meer ragt. Von hier verkehren im Sommer Schiffe nach Danzig, Gdingen und zur Halbinsel Hela (Hel). Beliebte Promeniermeile ist die ul. Bohaterów Monte Cassino (Straße der Helden von Monte Cassino).

GDINGEN (GDYNIA)

Als polnischer Hafen 1921-24 an der Stelle eines Fischerdorfs gegründet. Die Häuser an der Einkaufsstraße ul. Świętojańska verkörpern die Moderne der dreißiger Jahre. Das Musiktheater (Plac Grunwaldzki) zählt zu den ersten Bühnen Polens. Auf der Südmole, zu der eine von Grünanlagen flankierte Promenade (Skwer Kościuszki) führt, befinden sich die Sehenswürdigkeiten der Hafenstadt: das **Segelschulschiff** „Dar Pomorza", der Zerstörer „Błyskawica" (beide zu besichtigen Di-So 10-16 Uhr) und das **Ozeanographische Museum** (Muzeum Oceanograficzne) mit einem großen **Meerwasseraquarium**.
Di-So 10-16 Uhr

SITE-SEEING

TEXT: PETER GLASER

Im Netz auf Tour

Informationen, Webcams und Bilder führen durch die polnische Küstenregion

Nikolaiken on-Leine: www.mikolajki.pl

„Land der dunklen Wälder / und kristallnen Seen / über weite Felder / lichte Wunder gehen"– wenig hat sich geändert an dem, was den Königsberger Dichter Erich Hannighofer vor sieben Jahrzehnten ins Schwärmen gebracht hat. Immer noch verdankt Masuren, das „Land der 3000 Seen", sich seiner schönen Natur, nur dass wir uns den Herrlichkeiten der Region heute auch digital nähern können. Zum Einstieg zu empfehlen sind Websites mit reichhaltigen Übersichten wie etwa **www.polska-info.de** (mit einem A-Z, aktuellen Nachrichten, Karten sowie Biografien von Berühmtheiten aus Geschichte, Wissenschaft und Kultur), **www.ratgeberpolen.de** (mit einer schier endlosen, gut sortierten Link-Sammlung mit Landes- und Reiseinfos) oder unter **open.thumbshots.org/World/Deutsch/** im Unterverzeichnis Regional:Europa:Polen:Ermland und Masuren mit einem umfangreichen Verzeichnis im Netz erreichbarer masurischer Orte und historischer Hintergründe. Anschaulich machen kann man sich das Ganze mit der funktionsreichen interaktiven Polen-Karte unter **www.pilot.pl** oder mit einer der vielen eindrucksvollen Fotogalerien etwa unter **www.masuren-im-bild.de.** Der Region speziell zugedacht sind Info-Sites wie **www.masuren-online.de** (Unterkünfte vom Campingplatz bis zum Schlosshotel sowie Auskünfte zu Natur und Kultur) und **www.welcome2masuria.com** (ein Reiseportal vor allem für Aktivurlauber und Wassersportinteressierte, in dem es auch Programmhinweise zu Sendungen über Masuren im deutschen Fernsehen gibt) sowie **www.masuren.de** (mit ausführlichen Hinweisen u. a. zur Reisevorbereitung und zu Land und Leuten). Skaldenland **(www.skaldenland.net)** heißt eine Website über die masurische Region um Ełk (Lyck) mit Karten, Bildern und einer langen Linkliste mit deutschsprachigen Webseiten aus der Region. Fenster in Vergangenheit und Gegenwart des Landes öffnen sich unter **www.castlesofpoland.com/prusy/olsz_poczt_de.htm** mit einer zauberhaften Sammlung alter Ansichtskarten von Olsztyn (Allenstein) oder **www.reise-nach-ostpreussen.de** mit einem tiefen Blick in die Geschichte. Unter **www.polen-jetzt.de** findet man Aktuelles zu zeitgenössischer polnischer Literatur und Kunst. Und eine besonders schöne Site, dem gegenseitigen Austausch zwischen Deutschland und Polen zugedacht, ist **www.polen-freunde.de** mit Reiseberichten, Buchbesprechungen, Rezepten – beispielsweise Bigos nach Gauner-Art – und einer opulenten Auswahl an weiterführenden Links.

MERIAN | TIPP

Elbing: Kein Platz für die Platte

Die Altstadt von Elbing, 1945 völlig zerstört, ist ein Lehrbeispiel für Architekten. Die Trümmer wurden abgetragen, nur die Nikolaikirche wieder aufgebaut. Jahrzehntelang stand sie gespenstisch einsam auf einer riesigen Grünfläche. Welches Glück, dass frühe Pläne zur Bebauung mit eintönigen Plattenbauten nicht realisiert wurden. Erst in den achtziger und neunziger Jahren machte man sich an die Neubebauung. Private Bauherren erhielten die Grundstücke mit der Auflage, sich an die Grundrisse der frei gelegten Fundamente und Kellermauern und die strengen Vorschriften des Konservators zu halten. So erwächst aus den Grünflächen langsam eine „neue" Altstadt, die sich auf Grund sorgfältiger archäologischer Vorarbeiten bei Straßenführung, Hausgrundrissen und Fassadengestaltung nach alten Vorbildern richtet – auch wenn man über einzelne Beispiele streiten kann. Kulturelle Einrichtungen, Restaurants, Hotels und Geschäfte sorgen dafür, dass sich dieses städtebauliche Unikum mit Leben füllt.

Lebenswert in alten Mauern: Allenstein „Hohes Tor"

ERMLAND/MASUREN

(F 3) Elbląg (Elbing)
1237 vom Deutschen Orden gegründet, der hier eine Burg baute. Die Nikolaikirche (Kościół Św. Mikołaja), eine gotische Hallenkirche (13.-15. Jh.) birgt zahlreiche mittelalterlicher Kunstwerke z. T. aus anderen Kirchen. Die 1945 ausgebrannte und später zum Teil restaurierte Marienkirche (Kościół Podominikański) ist ein gutes Beispiel für ein zur Kunsthalle umgestaltetes Gotteshaus. Im Hafen legen die Ausflugsschiffe des Oberländischen Kanals (s. Kasten), nach Frombork (Frauenburg) ab und die Tragflügelboote nach Kaliningrad (Königsberg).

(N 4) Ełk (Lyck)
Die Kreisstadt (60 000 Ew.) hat eine ausgedehnte Seepromenade. Im Lyck-See (Jezioro Ełckie) eine verfallene Ordensburg (14. und 15.Jh.), im Wasserturm, dem Sitz der deutschen Minderheit, ein kleines Museum (Tel. 087-621 32 00). Attraktion ist eine alte Schmalspurbahn aus Kaisers Zeiten, mit der man gemütlich 48 Kilometer durch die masurische Landschaft zuckeln kann. Zwischenstops möglich.
Ełcka Kolej Wąskotorowa
ul. Wąski Tor 1, Ełk
Tel. (087) 610 00 00
www.ekw.elk.com.pl
In Bartosze (Bartossen) an der Straße nach Mikołajki wurde 2003 einer der größten deutschen Soldatenfriedhöfe Masurens für Gefallene des Zweiten Weltkriegs eingeweiht.

(G 3) Frombork (Frauenburg)
In dem mauerringbewehrten Bauensemble auf dem Domhügel dominiert die mächtige Bischofskirche (1329-88), ein Meisterwerk der Backsteingotik mit Barockorgel (1684), dem Hochaltar (1504) mit einer Mondsichelmadonna und Epitaphen (u. a. für Nikolaus Kopernikus). Im Bischofspalast (Pałac Biskupi) das Museum für den Astronomen und Domherrn. Vom Radziejowski-Turm (hier ist ein Foucaultsches Pendel installiert) Panoramablick über das Frische Haff bis zur Nehrung. Im Ort (2700 Ew.) steht in einem kleinen Park ein Gedenkstein für die Menschen, die 1945 bei der Flucht über das Haff umkamen (s. S. 130 „Goya"). Schiffe zur Nehrung und nach Elbing.

(M 4) Giżycko (Lötzen)
Durch die Lage zwischen dem Löwentinsee (Jez. Niegocin) und dem zum Mauersee (Jez. Mamry) führenden Kissainsee (Jez. Kisajno) ist die „Sommerhauptstadt Masurens" (31 000 Ew.) idealer Ausgangspunkt für jede Art von Wassersport und Fahrten mit der Weißen Flotte auf den Großen Masurischen Seen. Marinas und gute Badeplätze am Löwentinsee, der mit dem Kissainsee durch einen viel befahrenen Kanal verbunden ist. Am Marktplatz die 1827 nach den Plänen Schinkels erbaute evangelische Kirche (im Sommer auch Gottesdienste auf Deutsch). Westlich der Stadt die 1844-55 angelegte sternförmige Feste Boyen **(Twierdza Boyen).**

(L 4) Kętrzyn (Rastenburg)
Gründung des Ordens. Die wuchtige Wehrkirche St. Georg, deren Wehrturm der Kirche auch Südwestturm der z.T. erhaltenen Stadtmauer ist, überragt die Stadt (31 000 Ew.). In der mehrmals umgebauten Burg (14. Jh.) befindet sich ein Museum mit Kunstwerken aus ostpreußischen Gutshäusern. Berühmtes Gestüt vor allem für Kaltblutpferde.
Tel. 752 32 82
Museum: Di-Fr 10-18, Sa, So, Mo 10-17 Uhr

(L 5) Mikołajki (Nikolaiken)
Das Fischerdorf (3800 Ew.) hat sich zu einem bedeutenden Fremdenverkehrsort entwickelt, vor allem für Segler (viele Regatten), Anleger der Weißen Flotte. Im Juni wird der sagenumwobene Stinthengst, das Abbild einer Riesen-Maräne, an einem Brückenpfeiler festgebunden. Evangelische Kirche (1842), Reformationsmuseum **(Plac Kościelny 5)**

(G 4) Morąg (Mohrungen)
Gotisches Rathaus. Der Nordostflügel der Ordensburg (14. Jh.) wird zurzeit freigelegt. Das sehr interessante Museum im wieder aufgebauten

Dohna-Schlösschen ist Johann Gottfried Herder, dem größten Sohn der Kleinstadt (15 000 Ew.) gewidmet. Dort auch eine beachtliche Sammlung niederländischer Malerei und Porträts von ostpreußischen Adelsfamilien aus dem 18.und 19.Jh.
ul. Dąbrowskiego 54
Di-Fr 9-17 Uhr

(L 4) **Mrągowo (Sensburg)**
Die malerisch zwischen Seen gelegene Fremdenverkehrs- und Kreisstadt (23 000 Ew.) ist eine Ordensgründung. Evangelische Kirche von 1734, viele denkmalgeschützte Häuser mit schmiedeeisernen Balkonen an der ehem. Königsberger Straße (ulica Królewiecka). Das Rathaus (1825) ist heute Museum mit einer Gedenkstube für den Dichter Ernst Wiechert. Beliebter Bauermarkt.

(I 6) **Nidzica (Neidenburg)**
Die Stadt (15 000 Ew.) wurde in beiden Weltkriegen stark zerstört. Die restaurierte Ordensburg, die größte Masurens, ist heute das Kulturzentrum mit Galerie, Bibliothek, Hotel und Café. Feste und Veranstaltungen im Rittersaal.
Museum, ul. Zamkowa 2
tägl. 8-18 Uhr
7 km nördlich: der gut gepflegte Friedhof **Orłowo (Orlau)** mit Soldatengräbern aus dem Ersten Weltkrieg.

(I 5) **Olsztyn (Allenstein)**
Die Hauptstadt der Woiwodschaft Warmia i Mazury (Ermland und Masuren) ist eine vitale Großstadt mit 170 000 Einwohnern. Die Universität, Archive, Theater und die Philharmonie machen die einst verschlafene Stadt an der Alle (Łyna) zu einem kulturellen Mittelpunkt. Ein großer Teil der Altstadt ist 1945 nach dem Einmarsch der Roten Armee in Brand gesteckt worden. Erhalten blieb die gotische Burg (14. Jh.) der ermländischen Domherren sowie das Hohe Tor (Wysoka Brama), Teil der alten Stadtmauer. Das Alte Rathaus und die Bürgerhäuser um den Marktplatz sind neu aufgebaut worden. Unter den Arkaden kann man gemütlich bummeln, es gibt viele Cafés und Kneipen. Die dreischiffige mächtige Jacobikirche (Kościół Św. Jakuba) aus dem 14. Jh. gilt als eines der wichtigsten Bauwerke der Backsteingotik.

Museum von Ermland und Masuren
Ein großer Teil ist dem Astronomen Kopernikus gewidmet, der in den Jahren 1516 bis 1519 und 1521/22 hier lebte. Diverse Ausstellungen, darunter Porträts des ostpreußischen Adels vom 16. bis 19. Jh.
(Muzeum Warmii i Mazur) in der Burg des ehemaligen Domkapitels, ul. Zamkowa 2
Di-So 9-17 Uhr
(Mitte Sept.-Mai 10-16 Uhr)

Naturkundemuseum (Muzeum Przyrody)
Pflanzen- und Tierwelt in Ermland und Masuren. Reiche Sammlung von Jagdtrophäen.
ul. Metalowa 8
Di-So 10-17 Uhr

Planetarium
Phänomene des Weltraums (über Kopfhörer auf Deutsch), astronomische Instrumente aus der Zeit von Kopernikus. Im benachbarten Observatorium (ul. Żołnierska 13) kann man von Mo-Fr abends den Sternenhimmel genießen.
Al. Piłsudskiego 38
tgl. 9-16.30, Winter-16 Uhr

Seesteg am Pewenzsee in Osterode

OBERLÄNDISCHER KANAL

Im Schlepptau zu Berge

Wenn ein Schiff nicht schwimmen kann, hilft eine Technik aus den Kindertagen des Industriezeitalters

Von Mai bis September gehen die Fahrgastschiffe des **Oberländischen Kanals** (Kanał Elbląsko-Ostródzki) auf Landpartie. Diese Wasserstraße ist eine einzigartige Konstruktion, 1844-60 geschaffen, um Holz aus dem waldreichen Oberland schneller von **Osterode** nach **Elbing** zu bringen. Das Problem des Höhenunterschiedes zwischen den Seen von insgesamt 99 Metern wurde durch zwei Schleusen und die Anlage von fünf schiefen Ebenen, den „Rollbergen" zwischen den Wasserläufen unterschiedlichen Niveaus, elegant gelöst. Längst aber ist der Holztransport dem Spaß für Touristen gewichen.
Für freie Fahrt ohne eine Handbreit Wasser unterm Kiel sorgen Transport-Loren, ein Stahlseil und die Kammerschaufeln eines großen Wasserrads. Ein von Elbing durch den Drausensee (Jezioro Drużno) kommendes Schiff fährt auf die unterhalb der Wasseroberfläche auf Schienen stehende Lore, ehe aus einem gefluteten Tank tonnenweise Wasser in die riesigen Kammerschaufeln abgelassen wird. Das Rad (8 m Durchmesser!) setzt sich und über eine Trommel das Stahlseil in Bewegung. Gleichzeitig kommt eine Lore mit oder ohne Schiff von oben aus der Gegenrichtung, sodass diese das in Bergrichtung fahrende Gespann mit ihrer Schwerkraft nach oben zieht. Die fünf Rollberge befinden sich zwischen **Całuny Nowe (Kussfeld)** nahe dem Drausensee und **Buczyniec (Buchwalde)** auf einer Strecke von nur 9,6 Kilometern. Die Schiffe verkehren vom 1. Mai bis 30. September täglich. Abfahrt jeweils 8 Uhr in **Elbląg bzw. Ostróda**. Wer die ganze Strecke von ca. 80 km mitfahren will, braucht dafür einen ganzen Tag (Ankunft um 18 Uhr in Elbing bzw. 19 Uhr in Osterode, in beiden Städten und in Buchwalde bewachte Parkplätze). Viele Fahrgäste steigen daher erst gegen 13.30 Uhr in **Buchwalde** zu – hier kann man auch als „Zaungast" an den Rollberg herankommen – und erleben so bis Elbing alle fünf Rollberge. Die Pächter der Raststätte in Buczyniec, Włodzimierz und Bożena Piklikiewicz, holen mit Minibussen (8 bzw. 5 Personen) Passagiere in Elbing bzw. Osterode ab und bringen sie zu ihrem Auto nach Buchwalde zurück **(Tel. 055-249 80 85, Handy (0)501 95 40 03).**

Schiff auf Schienen: Trockenfahrt am Oberländischen Kanal

Tickets: Elbing-Buchwalde 65 Zł, Buchwalde-Osterode 55 Zł, Elbing-Osterode 80 Zł, kürzere Zwischenstrecken auf Anfrage. Żegluga Ostródzko-Elbląska, ul. Mickiewicza 9a, Ostróda, Tel. (089) 646 38 71 und ul. Panieńska 14, Elbląg, Tel. (055) 232 43 07, www.zegluga.com.pl, inf@zegluga.com.pl

MERIAN | TIPP

Schöne Mauerblümchen: Kirchen auf dem Land

Abseits der Ferienwege verbergen sich Schätze, viele aus Ordenszeiten.

(H 6) Dąbrówno (Gilgenburg)
Restaurierte ev. Kirche, 14. Jh., Barockkapelle derer von Finckenstein, Taufengel, bemalte Holzdecke 18. Jh. Schlüssel im Gemeindeamt
ul. Kosciuszki 21
(Herr Spychalski)

(I 4) Dobre Miasto (Guttstadt)
14. Jh., größte ermländische Kirche der Backsteingotik.

(E 3) Kiezmark (Käsemark)
Sehr schöne Fachwerkkirche um 1730.

(K 3) Łabędnik (Groß Schwansfeld)
Patronatskirche 14. Jh., gut erhaltene Originalausstattung. Schlüssel im Haus neben der Post, Pfarramt in Kinkajmy
Tel. (089) 761 69 90

Łabędnik (Groß Schwansfeld)

(H 3) Orneta (Wormditt)
Pfarrkirche St. Johannis, 14. Jh., reiche Innenausstattung. Schlüssel in der Kancelaria gegenüber, 9-12 und 15-17.30 Uhr, Schwester Adele spricht Deutsch.
Tel. (055) 242 11 15

(K 4) Sorkwity (Sorquitten)
Ev. Kirche, Originalausstattung (Taufengel, die aus der Decke ragenden Füße des Heilands illustrieren Christi Himmelfahrt). Schlüssel im Pfarrhaus
Tel. (089) 742 81 78

(L 4) Szestno (Seehesten):
Eine der ältesten Kirchen Masurens. In der Holzdecke des Vorraums Totentanz (1730).
Schlüssel im Laden gegenüber.

(C 1) Żarnowiec (Zarnowitz):
Klosterkirche der Zisterzienserinnen, 13./14. Jh. Wunderschöner Kreuzgang um den Klostergarten.

Seltenes ermländisches Barock: Wallfahrtskirche Heiligelinde

(H 5/6) Olsztynek (Hohenstein)
Attraktion ist das 60 ha große Freilichtmuseum (1940 von Königsberg verlagert) mit hierher versetzten bzw. rekonstruierten Gehöften, Windmühlen und Kirchen aus dem Ermland, Masuren, dem Memelland und dem Weichselgebiet. Im Sommer beleben Tiere das Bild.
Muzeum Budownictwa Ludowego, ul. Sportowa 21 Mai-Aug. tgl. 9-17.30, Sept. Di-So 9-16, Apr. u. Okt. Di-So 9-15 Uhr

(G/H 5) Ostróda (Osterode)
Die gepflegte Stadt (35 000 Ew.) liegt malerisch am Drewenzsee (Jez. Drwęckie). Seepromenade und Mole, Anlegeplatz der Schiffe auf dem Oberland-Kanal. Restaurierte Ordensburg. Völlig neu erbaute Innenstadt (2002) an der ul. Czarnieckiego mit Geschäften, Büros und Servicebetrieben. Die postmodernen Fassaden und Giebel erinnern an historische Bürgerhäuser im Ostseeraum.
Burgmuseum Mo-Fr 8-18 Uhr (im Sommer auch Sa u. So)

(L 5) Piecki (Peitschendorf)
Im Forsthaus Kleinort (Piersławek) befindet sich ein Museum für Ernst Wiechert (1887-1950), einen der großen ostpreußischen Dichter, der naturalistische Romane mit masurischer Thematik („Jerominkinder") schrieb.
Leśniczówka Piersławek
Tel./Fax (089) 742 14 77
Mo-Sa 9-17 Uhr

(K 4) Święta Lipka (Heiligelinde)
Prächtige doppeltürmige, barocke Wallfahrtskirche (17. Jh.), umgeben von Laubengängen. Orgel mit beweglichen Figuren (1721). Kurzkonzerte stdl. 9.30-17.30 (Mai-Sept.), 10, 12 u. 14 Uhr (Okt.-Apr. für mind. 10 Pers.)

(L 4) Wolfsschanze (Görlitz) Wilczy Szaniec (Gierłoż)
In einem Waldgebiet 8 km östlich von Kętrzyn (Rastenburg) liegen die Reste der 80 Bunker und Gebäude von Hitlers Führerhauptquartier. Hier schlug am 20. Juli 1944 das Attentat Stauffenbergs fehl. Die Anlage wurde im Januar 1945 kurz vor dem Einmarsch der Russen von den Deutschen gesprengt, Bäume und Buschwerk überwuchern die monströsen Trümmerteile. Trotz des lebhaften Touristenbetriebs ist die düstere Wahnwelt gegenwärtig. Der kürzeste Rundgang (1,3 km) dauert etwa eine Stunde, in der Lagerbaracke 4 ist ein Modell der 1000 ha großen Anlage zu sehen.
www.wolfsschanze.home.pl
tgl. 8 Uhr bis zur Dämmerung

(L 5) Wojnowo (Eckertsdorf)
Siedlung von im 19. Jh. aus Russland geflohenen Altgläubigen (Philipponen), die eine Reform der orthodoxen Kirche verweigerten und im Zarenreich verfolgt wurden. Preußenkönig Friedrich Wilhelm III. erlaubte ihnen 1825 die Ansiedlung. 1847 entstand das Kloster am Dußsee, zunächst als Männer-, später als Nonnenkloster. (Besichtigung möglich). Im Ersten Weltkrieg bekehrte ein Geistlicher aus Russland einen Teil der Einwohner zum orthodoxen Glauben. Die weiße Holzkirche am Ortseingang gehört daher den Russisch-Orthodoxen. Interessant sind in Wojnowo und Gałkowo die Friedhöfe der Altgläubigen, von denen es heute nur noch wenige gibt.

(L 4) Sądry (Zondern)
Heimatmuseum. Nicht das von Lenz, sondern von Krystyna und Ditmar Dickti, die auf ihrem Gehöft alles zeigen, was zur Einrichtung und zu den Arbeitsgeräten einer ostpreußischen Bauernfamilie vor dem Zweiten Weltkrieg gehörte. Kaffee und Kuchen, auch Pensionsbetrieb.
Sądry 3, 11-704 Użranki,
Tel. (089) 742 36 11
www.mazury.com.pl/turystyka/christel

KASCHUBEI

(C 1) Krokowa (Krockow) Einstige Vorzeige-Gemeinde im sozialistischen Polen, viel berühmter aber durch das Schloss der kaschubischen Adelsfamilie von Krockow (s.S. 60). Das – unter Beteiligung der Krockows – wieder aufgebaute Schloss ist Hotel und Sitz der Europäischen Begegnungsstätte der Kaschubei (Kaszubskie Centrum Spotkan Europejskich). Neben dem Schloss das sehr gut gestaltete Regionalmuseum Krokowa. Wenige Kilometer zur Ostsee zum Badeort **Dębki (Dembeck)** und zu den Stränden von **Kawia (Karwen)** sowie zum idyllischen **Jezioro Żarnowieckie (Zarnowitzer See).**

(B 1) Łeba (Leba) Der kaschubische Fischerort (4000 Ew.), der im 14. Jh. das Stadtrecht erhielt, wurde im 16. Jh. wegen der Gefährdung durch Wanderdünen landeinwärts verlegt. Mit seinen Fischerkaten aus dem 19. Jh. ist der Ausgangspunkt in den Slowinzischen Nationalpark auch als Seebad immer noch beschaulich. Im Sand noch zu sehen: Kirchenruinenreste der alten Siedlung.

(C 3) Kartuzy (Karthaus) Lebhafte Kleinstadt (16 000 Ew.), Mittelpunkt der Kaschubischen Schweiz. Die Innenmauern der Marienkirche des Ordens der Karthäuser aus dem 14. Jh. sind mit Ziegenleder bespannt, der Altar ist aus schwarzem Marmor und weißem Alabaster. Musikinstrumente, Masken, Skulpturen, Weberei, Töpferei und bäuerliches Gerät im **Muzeum Kaszubskie ul. Kościerska 1** Di-Fr 9-16 Sa 9-15, So 10-14 Uhr

(D 1) Puck (Putzig) Gemütliche Hafenstadt (12 000 Ew.) mit mittelalterlichem Kern (Pfarrkirche St. Peter und Paul, 14. Jh.) und Bürgerhäusern des 18./19. Jhs. Gepflegte Grünanlagen, Fischereihafen, Segelsportzentrum mit Marina und Mole. Kultur der Küstenkaschuben im alten Spitalgebäude (1725). **Museum des Putziger Landes, Wałowa 11 und pl. Wolnośći 28** Mo, Mi-Fr 9-12, 14-17, Sa u. So 9-13 Uhr

Wolfsschanze: Der Wald holt sich das Schreckensareal zurück

(C 1/2) Wejherowo (Neustadt) Die Kreisstadt (48 000 Ew.) ist eine Gründung des Adligen Jakub Wejher, der 1649 einen Kalvarienberg nach Jerusalemer Vorbild anlegen ließ. Der Kreuzweg hat 26 Kapellen.

(D 1) Władysławowo (Wielka Wieś, Großendorf) Mittelpunkt einer Großgemeinde. Monumentales „Haus des Fischers“ (Dom Rybaka) im Stil des sozialistischen Realismus, Hochseehafen (von hier aus Mitfahrten auf Fischkuttern). 3 km westlich liegt auf der Steilküste der Ferienort Chłapowo (Chlapau), von hier aus Fußweg durch das enge Tal der Chlapauer Schlucht. Hinter Chlapau am hohen Kliff das **Rixhöfter Kap (Przylądek Rozewie)** mit dem Leuchtturm (33 m, kleines Museum, schöner Blick auf die Halbinsel Hela). 2 km weiter westlich schließt sich **Jastrzębia Góra (Habichtsberg)** an, eines der populärsten Seebäder mit Villen, Promenade, Strand und Steilküste (s. S. 56)

(E/F 3) Żuławy (Der Werder) Die Weichselmarschen, das von vielen Kanälen und Deichen durchzogene Schwemmland des Weichseldeltas, sind von Holländern kultiviert worden. Einige der typischen Vorlaubenhäuser sind noch in **Różyny, Trutnowy (Trutenau)** und **Łęcze (Lenzen**, Elbinger Höhen) erhalten. Östlich von **Stegna (Steegen)**, dem Tor zur Frischen Nehrung (Mierzeja Wiślana) mit seinem quirligen Badeort **Krynica Morska (Kahlberg-Liep)** befindet sich bei **Sztutowo** die Gedenkstätte des Konzentrationslagers **Stutthof**, in dem 65 000 Menschen ums Leben kamen. **Gedenkstätte und Museum KZ Stutthof** Mai-Sept. 9-18, Okt.-Apr. 9-15 Uhr

DIE GOTISCHEN BURGEN

Bastionen von Macht und Glauben

Ordens- und Bischofsburgen laden ein. Manche zeigen Folterwerkzeuge, andere moderne Kunst

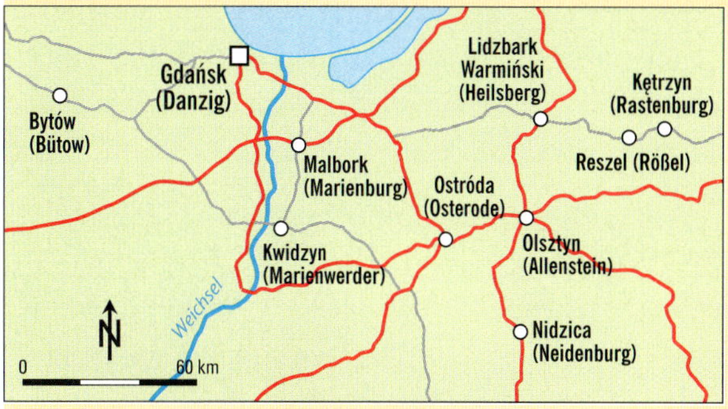

Auf den Spuren der Kreuzritter und Kirchenfürsten

(B 3) Bytów (Bütow) 1398-1404. Ordensburg. Der rechteckige Komplex mit seinen vier runden Ecktürmen gehört zu den ansehnlichsten Burgen. **Westkaschubisches Museum, ul. Zamkowa 2,** Di-Fr 10-18, Sa, So 10-15, Nebensaison Di-So 10-16 Uhr

(E 4) Malbork (Marienburg) **s. Seite 120**

(E 5) Kwidzyn (Marienwerder) 14. Jh. Einst Sitz des Domkapitels von Pomesanien. Hohe Mauerbögen. Der angrenzende Dom ist eine monumentale Wehrkirche. Museum, Festivals. **Muzeum w Kwidzynie, ul. Katedralna 1, www.zamek.malbork.pl,** Di-So Mai-Sept. 9-17, Okt.-Apr. 9-15 Uhr

(G/H 5) Ostróda (Osterode) 14. Jh. Kleinere Ordensburg anstelle einer früheren hölzernen Befestigung. Heute Kulturhaus mit Museum und Kunstgalerie. **Burgmuseum,** Mo-Fr 8-18 Uhr, im Sommer auch Sa u. So

(I 6) Nidzica (Neidenburg) 2. Hälfte 14. Jh. Die größte Ordensburg (Komtursitz) in Masuren mit gewaltigen Türmen. Kulturzentrum und Hotel, Festivals. **Galeria w Zamku, ul. Zamkowa 2,** tgl. 8-18 Uhr

(I 5) Olsztyn (Allenstein) 14. Jh. Vierflügeliges Burgschloss des Ermländischen Burgkapitels mit mächtigen Bastionen. Sehr schöne Kreuzgewölbe. **siehe „Sehenswert“, S. 116**

(I 3) Lidzbark Warmiński (Heilsberg) 1348-1401. Quadratische Vierflügelanlage, Residenz der ermländischen Bischöfe. Innenhof mit zweistöckigen Kreuzgängen. Gotische Kapelle, Remter mit Kreuzrippengewölbe. **Muzeum Warminskie, Plac Zamkowy,** Di-So 9-17 Uhr

(K 4) Reszel (Rößel) 1355-71. Bischofsburg, nahezu im originalen Zustand. Mächtige Bastei (schöne Aussicht auf die erhaltene Altstadtanlage). Hotel, Café und Künstlerzentrum. **Galeria Zamek, ul. Rynek 24/ul. Podzamcze 3, www.reszel.ug.gov.pl,** tgl. 8-20 Uhr

(L 4) Kętrzyn (Rastenburg) 1360-70. Ordensburg, die mehrmals zerstört und umgebaut wurde, auch noch nach 1945. Museum und Bibliothek.

Das Machtzentrum der Ordensritter

An der Nogat steht die größte Burg der Backsteingotik. Erbaut wurde sie von den Waffenbrüdern eines polnischen Herzogs. Sie, die Krieger Mariens, kamen und blieben und die Marienburg wurde zur Residenz eines mächtigen Staates

Text: Renate Marsch, Illustration: Jürgen Willbarth

Kreuzgang im Hochschloss

Säulenkapitell mit Ritter

Sommerremter, Hochmeisterpalast

1. Danskerturm
2. Hochschloss
3. Sommerremter
4. Palast der Hochmeister
5. Großer Remter
6. Die Vorburg
7. Burgbefestigungen
8. Alte Gästeräume
9. Mittelschloss
10. Skulpturen der Hochmeister
11. St. Anna-Kapelle

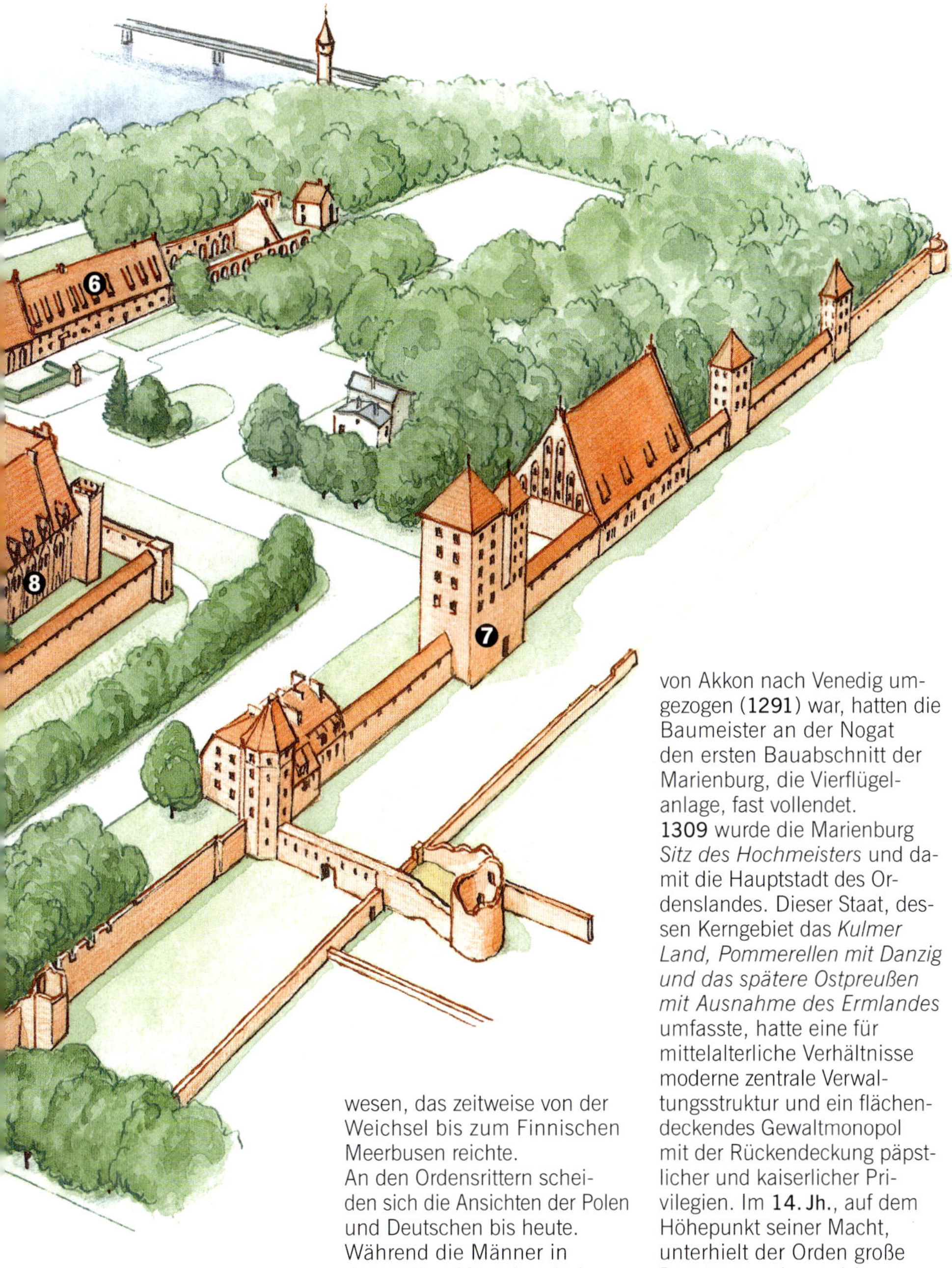

Der polnische Herzog Konrad von Masowien ließ sich im Jahre **1226** nicht träumen, welche Folgen sein Hilferuf im Kampf gegen die heidnischen Prußen haben würde. Er holte die Ritter des Deutschen Ordens ins Land, doch als die Baltenstämme besiegt und zum rechten Glauben bekehrt waren **(1273)**, dachten die Kreuzbrüder nicht daran, wieder zu gehen. Stattdessen errichteten sie **(1274-1399)** an der Nogat die Marienburg und ein Staatswesen, das zeitweise von der Weichsel bis zum Finnischen Meerbusen reichte.
An den Ordensrittern scheiden sich die Ansichten der Polen und Deutschen bis heute. Während die Männer in den weißen Mänteln mit dem schwarzen Kreuz im Geschichtsbild der Polen blutrünstige Eroberer waren, werden sie von den Deutschen eher als Zivilisationsträger dargestellt. Ihr Orden war **1189** während des dritten Kreuzzuges im Heiligen Land zur Krankenpflege gegründet worden und hatte sich **1198** als geistlicher *Orden des Spitals St. Marien vom Deutschen Haus zu Jerusalem* organisiert. Als das Heilige Land für die Christen verloren und man von Akkon nach Venedig umgezogen **(1291)** war, hatten die Baumeister an der Nogat den ersten Bauabschnitt der Marienburg, die Vierflügelanlage, fast vollendet.
1309 wurde die Marienburg *Sitz des Hochmeisters* und damit die Hauptstadt des Ordenslandes. Dieser Staat, dessen Kerngebiet das *Kulmer Land, Pommerellen mit Danzig und das spätere Ostpreußen mit Ausnahme des Ermlandes* umfasste, hatte eine für mittelalterliche Verhältnisse moderne zentrale Verwaltungsstruktur und ein flächendeckendes Gewaltmonopol mit der Rückendeckung päpstlicher und kaiserlicher Privilegien. Im **14. Jh.**, auf dem Höhepunkt seiner Macht, unterhielt der Orden große Domänen und organisierte den Handel mit Bernstein, Holz und Getreide. Wichtigster Hafen des Ordens war zunächst Elbing, später Danzig.
Der Niedergang des Ritterstaats begann **1410** mit der verlorenen *Schlacht von Tannenberg* (Grunwald) gegen die vereinigten Heere Polens und Litauens. Der Orden konnte seine Söldner nicht mehr bezahlen und entlohnte ihre Führer mit Ländereien. Hier liegt der Ursprung vieler ostpreußischer Adelsfamilien und ihrer Güter. **1455** musste die Marienburg an die Söldner verpfändet werden und die verkauften sie kurzerhand an den polnischen König. **1457** verlegte der Hochmeister seine Residenz nach *Königsberg.* Die reichen Städte *Danzig, Elbing und Thorn,* die lange unter der wirtschaftlichen Knebelung gelitten hatten, lehnten sich nun gegen den Orden auf, gingen ein Bündnis mit den Polen ein und befreiten sich *im Dreizehnjährigen Krieg* **(1454-1466)** von der Herrschaft der Machthaber in den weißen Mänteln. Im *Zweiten Thorner Frieden* **(1466)** erkannte der Orden die Lehnshoheit des polnischen Königs an. Mit der Umwandlung in *das weltliche Herzogtum Preußen* endete der Ordensstaat **1525**, nachdem der letzte Hochmeister zum Luthertum übergetreten war. Die Marienburg wurde zeitweilig Residenz polnischer Könige und verfiel. Nach der Besetzung durch preußische Truppen wurde sie von Kasernen und Lagerhäusern verunstaltet. Erst die deutsche Romantik entdeckte wieder ihre symbolhafte Bedeutung. Ende des 19., Anfang des 20. Jhs. restauriert, fielen **1945** große Teile der Burg beim Beschuss durch die Russen in Trümmer. Der sorgfältige Wiederaufbau ist ein Meisterwerk polnischer Restauratoren. Die Marienburg ist *Unesco-Weltkulturerbe*.

Muzeum Zamkowe w Malborku
(Schlossmuseum)
www.zamek.malbork.pl
Mai-Sept. 9-19 Uhr, sonst 10-15 Uhr, Innenräume nur mit Führung (ca. 3 Std., auch auf Deutsch). **Ton- und Lichtschau:** Mai, 1.-15. Aug. 21.30, Juni/Juli 22 Uhr, 16.-31. Aug. 21 Uhr, 1.-15. Sept. 20 Uhr

MERIAN | TIPP

Wild nach Stallmeister-Art
„Bei den Verschwörern von Targowice" lautet der Name des rustikalen und originellen Restaurants in einem umgebauten Stall des Gestüts Ferenstein in Gałkowo (Galkowen). Wenn man sich hier gegen etwas verschworen hat, dann gegen 08/15-Speisen. Die erstklassige Küche verfeinert ländliche Rezepte raffiniert nach allen Regeln hoher kulinarischer Kunst. Spezialität: frisches Wild, auch außerhalb der Schonzeit. Man genießt – auf der Terrasse, am Kamin oder am am offenen Grillfeuer. Viele Stammgäste schaffen eine familiäre Atmosphäre.
(L 5) **Knajpa u Targowiczan**
Gałkowo, 12-210 Ukta
Tel. (087) 425 70 73
www.galkowo.pl

RESTAURANTS

Danzig (Gdańsk)
(b 3) **Dzik La Pasta**
17 Sorten Piroggen (Teigtaschen) sind schwer zu übertreffen. Pizza und Spaghetti ebenfalls in reicher Auswahl.
ul. Szeroka 32
Tel. (058) 301 51 91
11 Uhr bis zum letzten Gast €

(c 2/3) **Kubicki**
Altes Schifferrestaurant, sehr schön am Hafen gelegen. Es herrscht immer Betrieb und im Sommer sitzt man draußen.
ul. Wartka 5, Tel. (058) 301 00 50 12-24 Uhr €

(c 3) **Podewils**
Exklusiv. Gehört zum gleichnamigen Hotel am Mottlaukanal. Spezialitäten aus aller Welt und Mobiliar aus dem Rokoko. Sommerterrasse.
ul. Szafarnia 2
Tel. (058) 300 95 60
www.podewils-hotel.pl
12 Uhr bis zum letzten Gast
€€€

(b 4) **Tawerna**
Vorzügliche Fischgerichte am Ende der Langgasse (Długa) nahe dem Grünen Tor (Złota Brama). Stilvolle Einrichtung. Im Sommer auch draußen.
ul. Powroźnicza 19/20
Tel. (058) 301 41 14
www.tawerna.pl
11-23 Uhr €€

(b 3) **Tawerna Mestwin**
Im Stil einer Bauernkate mit Spezialitäten aus der Kaschubei. Ausstellungen, Musik.
ul. Straganiarska 20/22
Tel. (058) 301 78 82
11-22 Uhr €

(H 5) Gietrzwałd (Dietrichswalde)
Karczma Warmińska
Küche der Region, auch Wild. Mo, Mi, Fr von Mai-Okt. „Ermländisches Gelage" mit viel Folklore.
am Sanktuarium Maryjne
Tel. (089) 512 34 23
11-22 Uhr €€

(E 2) Hel (Hela)
Maszoperia
Fischerkate von 1830 mit ebenso alten Fischerutensilien. Angebot? – Genau! Und das in vielen Variationen.
ul. Wiejska 110
Tel. (058) 675 02 97 im Sommer 9-24, sonst 11-22 Uhr €€

Podewils: Spezialitäten aus aller Welt und Möbel aus dem Rokoko

(L 5) Kadzidłowo (Einsiedeln)
Oberza pod Psem
(„Herberge unter dem Hund")
Altpolnische Küche in einem liebevoll restaurierten Masurenhaus neben dem Wildpark. Familiär. Wild, Pilze, Teigtaschen. Im Sommer reservieren.
Kadzidlowo 1, Tel. (087) 425 74 74 tgl. 10-18 Uhr, im Sommer länger €

(L 4) Kętrzyn (Rastenburg)
Pod Zamkiem
Draußen unter Bäumen neben der Ordensburg. Manchmal Life-Musik und sehr laut. Anständige Küche.
ul. Struga 3a, Tel. (089) 752 31 17 tgl. 11-23 Uhr €

(L 5) Krutyń (Kruttinnen)
Karczma Zacisze
Rustikal, große Terrasse mit Blick auf die Kruttinna. Spezialität: Fischgerichte.
Krutyń 33, Tel. (089) 742 21 50 tgl. 9-23 Uhr €

(L 5) Mikołajki (Nikolaiken)
Bar Bart
Am Seglerdorf auf der Terrasse. Spezialität: Fisch und Ente.
ul. Kowalska 2, Tel. (087) 421 65 11 tgl. 10-22 Uhr €

Spiżarnia
Polnische Küche, vor allem Fisch. Angenehme Atmosphäre, Terrasse.
plac Handlowy 14, Tel. (087) 421 52 18 tgl. 9-24 Uhr €

(L 4) Stare Sady bei Mikołajki
Zielony Wiatr
An der Seglerstation „Hobby", gemütlich. Piroggen und Fisch.
Stary Sady 6, Tel. (087) 421 67 43 tgl. 9-23 Uhr €

(L 4) Mrągowo (Sensburg)
La Stalla
Guter Italiener im alten Rathaus. Im Sommer kann man im Hof sitzen.
ul. Maly Rynek 1, Tel. (089) 741 44 47 tgl. 11-23 Uhr €

Stara Chata
Polnische Küche. Sommergarten, geschmackvoll im alten Stil.
ul. Warszawska 9b, Tel. (089) 741 45 02 tgl. 11-24 Uhr €

(I 5) Olsztyn (Allenstein)
Przystań
In einem früheren Bootshaus, stilvoll. Blick über den Krzywe-See und tief ins Wasser (Glasboden). Küche ausgezeichnet.
ul. Żeglarska 3, Tel. (089) 535 01 81 tgl.12-22 Saison bis 23 Uhr €€

Corner Café
Mediterrane Küche, Salate, Meeresfrüchte.
Dąbrowszczaków 8/9
Tel. (089) 527 57 26
tgl. 11-22 Uhr €€

Wesoły Czajnik
Im Salon, auf der Terrasse oder im Garten werden Dutzende Teesorten serviert. Auch große Kaffeeauswahl, heiße Schokolade, Kuchen und Eis.
ul. Żołnierska 11, Tel. (089) 527 28 27 14-22 Uhr €

(G/H 5) Ostróda (Osterode)
Columb
Terrassenrestaurant am See, internationale Küche.
ul. Mickiewicza 13 b.
Tel. (089) 646 40 96
10-24 Uhr €

(M 4) Przykop (Pognaten)
Stara Kuźnia
Umgebaute alte Schmiede. Anstelle der früheren Esse eine offene Feuerstelle fürs Schaschlik aus Lammfleisch.
Tel. (087) 421 10 86
Mai-Sept. von 13 Uhr bis zum letzten Gast €

(M 4) Rydzewo (Rydzewen)
Pod Czarnym Łabędziem
Sehr schön am Löwentinsee (Jezioro Niegocin) gelegen, Terrasse. Der Wirt verleiht auch Wassersportgeräte.
Tel. (087) 421 12 52
von 8 Uhr bis zum letzten Gast €

(D 2) Sopot (Zoppot)
Rozmaryn
Klein und gepflegt. Chefin Claudie Filippi ist italienische Honorarkonsulin und versteht was von der Küche ihrer Heimat.
ul. Ogrodowa 8 (Nähe Mole)
Tel. (058) 551 11 04
14-23 Uhr €€

Zhong Hua
An der Mole. Exquisite Küche, viele Spezialitäten. Und dieser Chinese hat auch japanische Sushis.
aleja Wojska Polskiego 1
Tel. (058) 550 20 20
13-23 Uhr €€

SZENE

In fast allen Touristenzentren gibt es im Sommer oft sehr laute Tanzveranstaltungen.

Gdansk (Danzig)
(b 3) Parlament Wolnego Miasta
Große Tanzfläche, ebensolche Konzerte und Sonderveranstaltungen, Do Karaoke
ul. Św. Ducha 2/Ecke Kołodziejska
Tel. (058) 320 13 65
18 Uhr bis zum frühen Morgen

(b 3/4) Celtic
Britischer Pub, irisches Guinness, polnische Gemütlichkeit.
ul. Lektaryńska 3
Tel. (058) 320 29 99 17-1 Uhr, Sa u So bis zum letzten Gast

(a 2) Irish Pub
Im 600 Jahre alten Keller des altstädtischen Rathauses. Jazz, Blues, irische Volksmusik, noch kein Rauchverbot.
ul. Korzenna 33/35, Tel. (058) 320 24 74 13 Uhr bis zum letzten Gast, Fr/Sa Tanz

(M 4) Giżycko (Lötzen)
Jazz Café
Traditioneller und moderner Jazz, Vereinslokal der „Masurischen Gemeinschaft" (Wspolnota Mazurska), Ausstellungen und Konzerte. Alkoholische und nichtalkoholische Getränke.
ul. Warszawska 17
Tel. (087) 428 21 72

(L 5) Mikołajki (Nikolaiken)
Prohibicja
Retro-Jazz, alte polnische Songs und gesungene russische Poesie zur Gitarre oder zum Piano.
plac Handlowy 13
Tel. (087) 421 67 90
von 20 Uhr bis zum letzten Gast

(I 5) Olsztyn (Allenstein)
Dyskoteka Come In
Disco-POP-Musik in einem alten Gaswerk.
ul. Knosały 7c
Tel. (089) 535 95 67 ab 20 Uhr

(D 2) Sopot (Zoppot)
Błękitny Pudel
(Blauer Pudel)
Originelles Café im Alt-Krakauer Stil. Kleinigkeiten zu essen: Grützwurst, Piroggen.
ul. Bohaterów Monte Cassino 44
Tel. (058) 551 16 72 10-1 Uhr

Viva Club Sopot
Riesen-Disco. Der Tanzpalast hat zwei Säle, fünf Bars und noch mehr Musikrichtungen für 1000 Tanzwütige.
Marmuszki 2,
Tel. (058) 551 53 23
von 22 Uhr bis keiner mehr tanzen kann

Kinski-Galerie
Der originellste Platz in Sopot ist derzeit im Geburtshaus des wüstesten Sohnes der Stadt. Die Wand hinter der Bar schmückt ein Gemälde, das Klaus Kinski als Helden seiner bekanntesten Filme darstellt.
ul. Kosciuski 10
wechselnde Öffnungszeiten

Im Geburtshaus des wilden Sopoters: die Bar der Kinski-Galerie

Pod Łososiem

Wo der Lachs im Goldwasser schwimmt
Das Startkapital des 1598 aus Flandern zugewanderten Ambrosius Vermöllen war eine Sammlung von Likör-Rezepten. Nach kurzer Zeit florierte nicht nur seine Spirituosenfabrik, sondern auch das Gasthaus „Der Lachs", wo Vermöllens Premiumprodukt „Danziger Goldwasser" bei Danziger Patriziern, ausländischen Kaufleuten, Diplomaten und Geistesgrößen lobenden Zuspruch fand.
Dass „Der Lachs" nach 1945 ein polnischer wurde, „Pod Łososiem", stand der Tradition des noblen maritim ausgestatteten Restaurants nicht im Wege. Die Altdanziger Küche des Hauses wurde mehrmals preisgekrönt – an erster Stelle natürlich für die meisterhaft raffinierten Lachskreationen.
(b 3) Pod Łososiem „Der Lachs"
ul. Szeroka 52-54, Gdańsk
Tel. (058) 301 76 52
www.podlososiem.com.pl
tgl. ab 12 Uhr bis der letzte Gast gegangen ist €€€

Hanseatisch: Pod Łososiem

>> Die Planquadrate beziehen sich auf die Karte auf Seite 131, diejenigen mit den kleinen Lettern auf die Umgebungskarte im Faltplan

WILDTIERE

Könige der Lüfte und Herrscher des Dickichts

Masuren als Heimat seltener Tierarten

Wisent Nach seiner Ausrottung in freier Wildbahn während des Ersten Weltkrieges konnte der Bestand dieses mächtigen Wildrindes wieder aufgebaut werden. Inzwischen leben etwa 650 Tiere in Polen. Man findet sie auch im Gebiet der Borker Heide, wo es seit 1957 eine Zuchtstation gibt.

Seeadler Bis zu 2,50 m erreicht die Flügelspanne des größten Greifvogels in Polen. Die mächtigen Nester in hohen Baumwipfeln können mehrere 100 kg wiegen. Bis zu ihrem fünften Lebensjahr sterben etwa 90 % der Seeadler. Die majestätischen Tiere kreisen vor allem im Gebiet der Großen Masurischen Seen.

Luchs Die nächtliche Jagd hat seine Sinne geschärft und ihn zum sprichwörtlichen Nonplusultra erhoben: Hören und sehen wie ein Luchs muss man, um ihn beobachten zu können. Die besten, wenn auch nicht großen Chancen hierzu bestehen in der Rominter und der Borker Heide, wo wenige Dutzend Luchse leben.

Biber Der geschickte „Häuslebauer" errichtet seinen 20-30 qm großen Bau aus mehreren Räumen am liebsten an steilen Fluss- und Seeufern. Dazu fällt er Bäume mit seinen scharfen Zähnen in die von ihm gewünschte Richtung. Inzwischen fast überall an den masurischen Flüssen und Seen zu beobachten.

Schwarzstorch Die sehr seltenen, scheuen Schwarzstörche bauen ihre Nester vorzugsweise in Baumkronen im Wald. Mit viel Geduld kann man sie im Masurischen Landschaftspark, in der Borker und Rominter Heide, im Neidenburger Wald und auf den Elbinger Höhen beobachten.

Elch Auch der Bestand der Elche in Polen erholte sich nach den Kriegen nur langsam. Heute äsen sie – nachts und in den frühen Morgenstunden – in der südlichen Johannisburger, der Borker und der Rominter Heide.

Babett Walter

Eine Königin der Meere vor Nikolaiken

SEGELN

Die Großen Masurischen Seen sind durch viele Kanäle und Schleusen verbunden und bilden somit ein ideales Segelgebiet. Skipper können vom Niedersee (Jezioro Nidzkie) bis zum Mauersee (Jezioro Mamry) einen Törn von 100 km zurücklegen und in einem der vielen Segelhäfen übernachten oder an bewaldeten Ufern anlegen. Die größten Marinas gibt es in Mikołajki (Nikolaiken), Ruciane-Nida (Rudziany), Giżycko, (Lötzen), Sztynort (Steinort) und Ryn (Rhein) mit sanitären Anlagen, Einkaufsmöglichkeiten und allem Seglerzubehör bis zur Seenkarte. Eine Auswahl an Charterfirmen:

(L/M 3) Sztynort (Steinort)
TIGA Yacht
Sztynort, 11-620 Radzieje
Tel./Fax (087) 4 27 51 85
www.tiga-yacht.com.pl
(größtes Charter-Unternehmen)

(M 4) Giżycko (Lötzen)
Bootsverleih Marian Belbot
ul. Przemyslowa 17
11-532 Wilkasy
Tel. (087) 428 03 85
marina@marina.com.pl
www.marina.com.pl

(L 5) Mikołajki (Nikolaiken)
FUN Tomasz Wawrzyniak
ul. Kajki 82, 11-730 Mikołajki
Tel./Fax (087) 421 62 77
wypozyczalniafun@wp.pl

Welcome2Masuria
Schivelbeiner Straße 47
10439 Berlin
Tel. (030) 44 79 30 04
Fax 44 79 30 05
info@welcome2masuria.com
www.welcome2masuria.com
Ein erfahrener deutscher Vermittler mit vielen Kontakten

SEENRUNDFAHRTEN

Von Giżycko (Lötzen), Mikołajki (Nikolaiken), Węgorzewo (Angerburg), Rydzewo (Rydzewen) verkehren vom 15. April bis 31. Oktober die Schiffe der Weißen Flotte auf den Großen Masurischen Seen. Mindestzahl 10 Passagiere, Fahrpläne an den Anlegestellen.

(M 4) Giżycko (Lötzen)
Żegluga Mazurska
ul. Jeziorna 14
11-500 Giżycko
Tel. (087) 428 25 78
www.zeglugamazurska.com.pl

Private Unternehmer, die Route und Zeit den individuellen Wünschen anpassen:

(L 5) Mikołajki (Nikolaiken)
Złote Wrota
Robert Śliwiński
Stare Sady 4, 11-730 Mikołajki
Tel. (087) 421 65 20
mobil: 050 301 86 00

(M 4) Giżycko (Lötzen)
Piotr Konstantynowicz
ul. Staszica 14, 11-500 Giżycko,
Tel. (087) 428 29 21
mobil: 0502 53 62 79
www.konstantynowicz.pl

AUF DEN FLÜSSEN

Paddel- und Ruderboote werden fast überall in wassernahen Hotels und Pensionen verliehen. Paddeln auf dem idyllischen

Waldflüsschen Krutynia (Kruttinna) ist bereits ein Klassiker. Deutsche Reiseveranstalter bieten mehrtägige Touren mit oder ohne Begleitung an. Man kann sich aber auch allein auf den Weg machen und übernachtet in einfachen Camping-Häuschen der zehn am Fluss gelegenen Bootsstationen der Touristik-Organisation PTTK. Die an ca. 10 Tagen (Unterbrechung beliebig) durch mehrere Seen führende Gesamtstrecke ist fast 100 km lang. Das Auto bleibt auf einem bewachten Parkplatz, Abholung der Paddler zu einem vereinbarten Zeitpunkt. Viele Gäste leihen sich für ein paar Stunden in Krutyń (Kruttinnen) ein Boot und paddeln flussabwärts bis Ukta oder Nowy Most. Start der mehrtägigen Touren in Sorquitten (Sorkwity), Zentrum des Bootsbetriebs ist Krutyń mit mehreren Verleihstationen und großem Angebot:

Tel./Fax (089) 742 14 30
www.krutynia.com.pl

Beschaulicher als auf der Kruttinna geht es auf der Sapina zu – aber nicht weniger malerisch. Ogonken (Ogonki) am Schwenzaitsee (Jezioro Święcajty) ist ein gut erreichbares Ziel einer ein- oder zweitägigen bis zu 35 km langen Tour, die man je nach Kondition am Kruklinsee oder an der Przerwanki-Schleuse beginnt. Die Gesamtstrecke führt vom Krukliner See über den Goldapgarsee und weitere kleine Seen an Wäldern und Wiesen entlang nach Ogonki. Unterwegs Campingmöglichkeiten. Die Route eignet sich auch für Anfänger. Kanus, Transport u. a. über:

Wakacje Turystyka Aktywna
ul. Parkowa 64/3, 81-727
Sopot, Tel. (058) 5502774
www.kajaki.pl

Die Kruttinna (Krutynia) schlängelt sich durch Wald und Wiesen

(L 5) Krutyń (Kruttinnen)
AS-Tour
Krutyń 4, 11-710 Piecki
Tel./Fax (089) 742 14 30
kajaki@komp.pl
www.as-tour.de

Pension Habenda
Krutyń 42, 11-710 Piecki
Tel./Fax (089) 742 12 18
info@habenda.com
www.habenda.com

BOOTSSTAKEN

Wie im Spreewald kann man sich auch auf der flachen Kruttinna staken lassen. Start an der Brücke in Kruttinnen.

(L 5) Krutyń (Kruttinnen)
Perkun
Krutyń 4, 11-710 Piecki

Handbücher für Kanutouren:
Stein/Meyer-Fembach: **„Kanutouren in Masuren"**, Outdoor-Handbuch, Conrad Stein Verlag

Norbert v. Frankenstein: **„Kanuführer Masurische Seeplatte"**, BLV-Verlagsgesellschaft

TIERWELT ERLEBEN

(M/N 3) Wisente in der Borkener Heide (Puszcza Borecka)

Seit 1957 leben in der Borkener Heide (Puszcza Borecka) wieder Wisente wie zu Urzeiten. Sie wurden aus dem Urwald von Białowieża in Ostpolen hierher gebracht und ausgewildert. Im Winter müssen sie zugefüttert werden. Die etwa 60 Tiere sind sehr scheu und in freier Wildbahn nur schwer zu entdecken. Auf jeden Fall beobachten kann man Wisente in Wolisko in einem 7 ha großen Schaugatter zu den Fütterungszeiten (8-10 und 17-19 Uhr). Kinder begeistert ein Indianerlager. Der Weg nach Wolisko: von Kruklanki (Kruglanken) über Borki nach Jurkowo und dort links ab. Am See von Wolisko befindet sich ein Parkplatz.

Führungen Mai bis September:
Halina Karnecka
Tel. (087) 421 70 06
Informationen auch im
Forstamt (Nadleśnictwo) Borki
Tel. (087) 42 17 30 53

(L 5) Hirschpark in Kosewo Górne

Weitläufiges Freigehege für Rotwild (ca. 200 Stück), Damwild (ca. 300 Stück) sowie Rehe, Mufflons, Elche und Fischotter. Unter fachkundiger Führung laufen die Besucher über das hügelige Gelände (entsprechende Schuhe anziehen!). Das Wild ist relativ zahm. Hunde dürfen nicht mitgebracht werden, so-gar Regenschirme können das Wild verschrecken. Museum mit Geweihen, Filmvorführung.

Stacja Badawcza PAN
Kosewo Górne
11-700 Mrągowo,
Tel. (089) 742 43 80,
Fax 74 24 38, kosewopan@at.pl
Mai-Aug. Di-So 10-17 Uhr

(L 5) Wildpark in Kadzidłowo

Private Einrichtung auf dem Gelände eines früheren Bauernhofes mit einer Vielzahl von Tieren verschiedenster Herkunft – die meisten aus den heimischen Wäldern – darunter Wölfe und Elche. Die Besucher werden in Gruppen geführt. Keine Hunde mitnehmen! Im Sommer manchmal überlaufen.

Park Dzikich Zwierząt
Kadzidłowo, 12-210 Ukta
Tel./Fax (087) 425 73 65/66
ganzjährig 9.30 Uhr bis Einbruch der Dämmerung

MERIAN | TIPP

Eissegeln

Auf den masurischen Seen werden alljährlich Regatten ausgetragen. Am besten kann man über die Eisfläche flitzen (160 km/h sind durchaus möglich), wenn es zwischendurch getaut hat, so dass die Schneedecke nicht allzu dick ist. Bei Sturmböen wird es aber z. B. auf dem riesigen Spirdingsee (Jezioro Sniardwy) gefährlich.

Eis-Segler, Kurse und Verleih von Gerät:

(L 5) Mikołajki (Nikolaiken)
Tomasz Zakrzewscy
Pensjonat Relax
os. Na Górce 3
Tel./Fax (087) 421 63 19
www.mikolajki.of.pl

Zdzislaw Zysk
Cicha Zatoka
ul. Spacerowa 1
Tel./Fax (087) 421 50 11
Mobil: 060 438 31 09
domont@pro.onet.pl
Instruktor Grzegorz Hammerschmidt spricht Deutsch.

Mazurski Klub Żeglarski
ul. Kajki 84
Tel. (087) 421 62 59

(M 4) Giżycko (Lötzen)
MOS (Sportzentrum)
Wojciech Caban
ul. Nadbrzeżna 15
Tel./Fax (087) 428 56 97
mbsw@gizycko.info.pl

MERIAN | TIPP

Alltag von gestern: Freilichtmuseen

(A 1) Kluki (Klucken)
Auf 10 Hektar Land stehen 20 weiße Fischergehöfte, Gärten und Werkstätten des westkaschubischen Volksstamms der Slowinzen aus mehreren Epochen. Das Dorf ist heute noch bewohnt.
Muzeum Wsi Słowinskej
Freilichtmuseum Slowinz. Dorf
Mai-Sept. 7-21, Okt.-Apr. 8-16 Uhr, Ausstellungen: Mai-Okt. Di-So 9-18 Uhr

In Hohenstein neu aufgebaut

(H 5/6) Olsztynek (Hohenstein)
Auf weitläufigem Areal wurden Gehöfte aus Masuren, dem Ermland, dem Weichselgebiet und Litauen wieder aufgebaut. Ebenso Mühlen und eine Holzkirche.

Masurisches Freilichtmuseum,
1 km nördl. von Olsztynek
Di-Fr 9-17, Sa/So 9-18 Uhr nur im Sommer

(C 4) Wdzydze Kiszewskie
Auf einem weitläufigen Waldgelände am Golunsee stehen mehrere Dutzend kaschubische Gehöfte (18.-20. Jh.), eine wiederaufgebaute Dorfkirche und zwei Windmühlen. Kunsthandwerkliche Sammlung. Folklore-Ensembles und kaschubische Spezialitäten auf dem Jahrmarkt im Juli.
Kaszubski Park Etnograficzny
Wdzydze Kiszeswkie
83-406 Wąglikowice
www.muzeum-wdzydze. gda.pl
Di-So 9-16 Uhr

VÖGEL BEOBACHTEN

Unter fachkundiger Führung kann der Besucher die reiche Vogelwelt Masurens und der etwas südlicher gelegenen Biebrza-Sümpfe kennen lernen und fotografieren: Marek Borkowski bringt Einzelpersonen und kleine Gruppen zu den interessantesten Schauplätzen und hat neben Ferngläsern auch die notwendigen optischen Geräte für die nächtliche Safari. Pan Marek holt seine Gäste vom Flughafen oder von der Bahn ab, sorgt vor Ort für Unterkunft und Verpflegung sowie die Genehmigungen für das Betreten von Naturschutzgebieten, Kanzeln und Beobachtungstürmen. Schon bei der Anmeldung sollten die Gäste sagen, was sie in welcher Region interessiert. Der Naturführer lebt im Dorf Kuligi in den Biebrza-Sümpfen.
Marek Borkowski
Tel./Fax (086) 273 36 66
marek.borkowski@wildlife.pl

WALDLEHRPFADE

Fast alle Forstämter der staatlichen Forstverwaltung in Ermland und Masuren haben Waldlehrpfade (sciezki przyrodnicze) eingerichtet, die auch schöne kurze Wanderstrecken sind. Auskünfte bei der Regionalen Forstverwaltung in Olsztyn (Allenstein) oder jeweils nächsten Forstamt (nadlesnictwo).
(I 5) Regionalna Dyrekcja
Lasów Państwowych
ul. Kosciuszki 46,
10-959 Olsztyn
Tel. (089) 521 01 52,
bp@olsztyn.rdlp.gov.pl

(L 5) Mit Förster und Kutschwagen in den Wald
Förster Stanisław Bohatyrewicz kutschiert in Mikołajki (Nikolaiken) Urlauber im Pferdewagen durch den Wald und erklärt (auf Deutsch) die Tier- und Pflanzenwelt. Im Winter gibt's auch Schlittenfahrten. Das Forsthaus liegt auf dem Weg zur Fähre nach Wierzba.
Forsthaus Leśniczówka, 11-730 Mikołajki, Tel. (087) 421 63 66

JAGDURLAUB

Das frühere Ostpreußen war und blieb ein beliebtes Jagdgebiet. Es gibt vor allem Rotwild, Rehe und Wildschweine. Elche kommen vor allem in der Rominter Heide (Abschuss verboten) vor. Die besten Jagdgebiete befinden sich in der Johannisburger Heide (Puszcza Piska), im polnischen Teil der Rominter Heide und in der Borkener Heide (Puszcza Borecka). Beliebt ist die Zeit der Hirschbrunft im September. Die Vorschriften und Schonzeiten sind ähnlich wie in Deutschland. In vielen Forstämtern ist ein Revierförster speziell für die Jagd angestellt. Ausländische Jäger werden von erfahrenen polnischen Jagdführern begleitet. Die Kosten richten sich nach Gewicht oder Größe der Trophäen. Spezialreisebüros, die auch die Formalitäten für die Einfuhr der Jagdwaffen nach Polen erledigen, sind u. a.
Jagdbüro Kahle
Jörg Eberitzsch
Waldweg 1, 21385 Rehlingen
Tel. (041 32) 80 86, Fax 80 66
www.jagdbüro-kahle.de
Weyer Jagdreisen
Kiebitzhof 9, 22089 Hamburg
Tel. (040) 251 94 50
weyer-hunting@wild-web.net
www.wild-web.net

ANGELN

Zu den Raritäten unter den Fischen zählen Maränen sowie zum Teil riesige Welse. Raubfische, die anbeißen, sind Aale, Hechte und Barsche. Lachse und Lachsforellen haben z. B. in der Drewenz (Drwęca), wo eine starke Ströung herrscht, ein hervorragendes Revier. Im Winter bieten die zugefrorenen Seen ideale Möglichkeiten zum Eisangeln. Zum Angeln ist eine Genehmigung erforderlich, die man in Angelfachgeschäften, bei Fischereibetrieben, in Ferienzentren und Hotels erhält. Polnischer Anglerverband:
Polski Związek Wędkarski
ul. Bałtycka 2, 10-136 Olsztyn
Tel. (089) 527 34 60
www.zgpzw.pl

NATURSCHUTZ-GEBIETE

(N/O 2) Rominter Heide (Puszcza Romincka)
Das bevorzugte Jagdgebiet der preußischen Könige, Kaiser Wilhelms II. und des NS-Bonzen Göring bei Goldap (Gołdap) gehört zu einem Drittel zu Polen, der andere Teil zum russischen Gebiet Königsberg (Kaliningrad). Auf der polnischen Seite gibt es reiche Rotwildbestände und acht Granitfindlinge, die dort von der Jagdleidenschaft des Kaisers zeugen, wo er einen besonders kapitalen Hirsch erlegte. (Wilhelms einstiges Jagdschloss steht heute in einem Vergnügungspark bei der Luisenkirche in Königsberg). 1997 wurde ein Landschaftspark gegründet, dessen Verwaltung Besuchern bei der Orientierung hilft und Routen empfiehlt.
Park Krajobrazowy Puszczy Rominskiej
ul. Szkolna 1, 19-505 Żytkiejmy
Tel./Fax (087) 615 97 27
PuszczaRomincka@poczta. onet.pl,
www.pkpr.jezioro.com.pl

Wildpark-Chef Andrzej Krzywinski mit Schnee-Eulen in Kadzidłowo

Waidmannsheil, Majestät! „Kaiserstein" in der Rominter Heide

(M/N 3) Borkener Heide (Puszcza Borecka) siehe S. 125

(L/M 4/5) Masurischer Landschaftsschutzpark (Mazurski Park Krajobrazowy)

Das älteste Schutzgebiet in Masuren (seit 1977) ist 55 000 ha groß. Neben dem üblichen Wild leben hier auch Elche und Wölfe. Parkbesucher sollten unbedingt das Vogelschutzgebiet am Lucknainer See (Jezioro Łuknajno) bei Nikolaiken (Mikołajki) mit seinen Beobachtungstürmen aufsuchen. 200 Vogelarten wurden hier gezählt. Am Sitz der Parkverwaltung in Kruttinnen (Krutyń) gibt es Informationen über Wanderwege und Schutzzonen sowie ein Naturkundemuseum in einer unter Denkmalsschutz stehenden Scheune.

Mazurski Park Krajobrazowy
Krutyń 56, 11-710 Piecki
Tel. (089) 742 14 05, Fax 742 14 58
mpkraj@box43.pl
ganzjährig Mo-Fr 8-15.30 Uhr

(F/G 3) Elbinger Höhen (Park Krajobrazowy Wysoczyźny Elbląskiej)

Mit vielen Buchen und Eichen bewachsener Höhenzug am Frischen Haff (Zalew Wiślany) nordöstlich von Elbing (Elbląg). An den bis fast 200 m hohen Moränenhängen gibt es tiefe Schluchten, mit Bächen, die von kleinen Wasserfällen gespeist werden. Ein Paradies für Botaniker: Hier gedeihen Schachtelhalm, Schaumkraut, Frauenfarn, Pfaffenhütchen und wilde Johannisbeeren, aber auch Königskiefern, Ginkgo, Silber- und Krimlinde. An den Hängen wachsen Eisenhut, Bärlapp, Sonnentau und Frauenschuh. Die Elbinger Höhen sind Raststation für viele Zugvögel, darunter dem seltenen Schwarzstorch. In Cadinen (Kadyny) ist die ca. 700 Jahre alte Jan-Bażyński-Eiche (Stammumfang fast 10 m. Höhe 26 m) zu bewundern. Im Dorf Lenzen (Łęcze) gibt es einige schöne Vorlaubenhäuser.

(F/G 2/3) Frische Nehrung (Park Krajobrazowy Mierzeja Wiślana)

Die dem östlichen Danziger Werder (Żuławy Wiślane) und dem Frischen Haff (Zalew Wiślany) vorgelagerte Frische Nehrung (Mierzeja Wiślana) ist knapp 60 km lang (26 km polnisch) und an den schmalsten Stellen nicht einmal 2 km breit. Kilometerlange Sandstrände säumen die Ostsee, wo bei Sturm mit dem Tang auch Bernstein angespült wird. In Bodenwinkel (Kąty Rybackie) gibt es im Schilf eine Schutzzone für Kormorane. Östlich von Kahlberg (Krynica Morska) wird es auf dem Weg zur russischen Grenze (Gebiet Kaliningrad, Königsberg) immer einsamer.

Park Krajobrazowy Mierzeja Wiślana
82-103 Stegna, ul. Gdańska 2
Tel./Fax 085-247 71 06

(D/E 1) Halbinsel Hela (Mierzeja Helska, Nadmorski Park Krajobrazowy)

Die 36 km lange, aber nur zwischen 200 und 1500 m breite Landzunge trennt die Danziger Bucht von der offenen Ostsee. Hinter wunderschönen breiten Sandstränden, die im Hochsommer überlaufen sind, zieht sich lichter Kiefernwald hin. Östlich von Jurata ist privater Pkw-Verkehr verboten. Von hier bis Hela erstreckte sich früher ein militärisches Sperrgebiet, daher ist diese Gegend verhältnismäßig menschenleer.

(A/B 1) Slowinzischer Nationalpark (Słowiński Park Narodowy)

Hauptattraktion des fast 33 000 ha großen Biosphärenreservats sind die gewaltigen Wanderdünen in unmittelbarer Strandnähe. Sie bewegen sich jährlich etwa 10 m von West nach Ost und begruben in der Vergangenheit ganze Dörfer unter sich. Der höchste dieser Wüstenberge ist mit 45 m der Lontzker Berg (Łącka Góra). Hinter Dünenketten und Kiefernwald erstrecken sich Sümpfe sowie der Leba- und der Garder See (Jezioro Łebsko und Gardno), die einst durch den Flugsand von der Ostsee abgetrennt wurden. Ihre Schilfufer sind Paradiese für Wasservögel. Zugänge zum Nationalpark mit Parkplätzen befinden sich in Rąbka bei Leba (Łeba), Rowe (Rowy) und Schmolsin (Smołdzino). Es gibt mehrere gekennzeichnete Wanderwege von insgesamt ca. 140 km Länge – von Rąbka zum Beispiel sind es 5,5 km zum Lontzker Berg (Łącka Góra). Wer dort nicht durch den Sand, in den man immer wieder einsinkt, stapfen will,

BAUERNHOFFERIEN

Bei den Landfrauen

Deutschstämmige Bäuerinnen laden zu idyllischen Urlaubstagen ein

Die Höfe liegen in Masuren oder im Ermland, zwischen Hügeln oder in der Ebene, sehr oft auch an See und Wald. Manche sind total umgebaut und haben den Charakter einer großen Hotelpension, andere sehen auf den ersten Blick so aus, als habe sich hier seit langer Zeit nichts geändert. Was die Höfe gemeinsam haben: Sie stehen Feriengästen offen und werden von deutschstämmigen Landfrauen und ihren Familien bewirtschaftet. Dreißig Betriebe bieten inzwischen Bauernhofferien über den „Ermländisch-Masurischen Verband deutschstämmiger Landfrauen" an.

Anna Wagner-Rybińska

Anna Wagner-Rybińska ist die „Mutter Courage" der ermländischen Landfrauen. Um das Leben einer Bauersfrau auf dem Hof ihrer Eltern in Mokiny (Mokainen) östlich von Olsztyn (Allenstein) aufzulockern, gründete die studierte Germanistin mit anderen Frauen 1994 den Verband. Am Anfang standen Erfahrungsaustausch und Erntedankfeiern, zur wichtigsten gemeinsamen Aktion wurden dann die Ferienangebote auf dem Bauernhof. Der informative Katalog stellt die Höfe mit Gästezimmern und ländliche Pensionen vor. Es gibt einen einheitlichen strikten Standard: Die Familien haben Erfahrung in der Gästebetreuung. Es wird Deutsch gesprochen. Für das Auto der Gäste gibt es eine Garage. Die Zimmer sind renoviert und haben moderne Bäder. Auf den Tisch kommen Gemüse und Früchte aus dem Garten. Kinder können in großen Gärten spielen und sich mit Hoftieren anfreunden. Grillplätze und Lagerfeuer. Angegeben ist auch zum Beispiel wie weit es zum nächsten Badesee ist und wie viele Kinder in welchem Alter sich auf Spielgefährten aus Deutschland freuen. Die Gastgeber laden zu Dorffesten ein, empfehlen Wander- und Radwege und geben Tipps für Besichtigungen.

Für die Gäste auch verschiedener Höfe werden auf Wunsch Busausflüge organisiert. Die Landfrauen, die heute eng mit deutschen Landfrauenverbänden zusammenarbeiten, vermitteln auch Besuche auf Bauernhöfen, wo man sich über die Situation der einheimischen Landwirte unterrichten kann.

Warminsko-Mazurski Zwiazek Kobiet Niemieckiego Pochodzenia (Ermländisch-Masurischer Verband deutschstämmiger Landfrauen) ul. Partyzantow 3, 10-522 Olsztyn, Tel./Fax (089) 527 20 81, landfrauen@olsztyn.ken.pl oder: Anna Wagner-Rybińska, Mokiny 15, 11-010 Barczewo, Tel./Fax (089) 514 82 58, anna-wagner@wp.pl
in Deutschland: Tel. (052 02) 841 99

Gleitschirmflieger vor dem Hochufer von Rozewie (Rixhöft)

kann sich mit einem Elektroauto oder Pferdewagen kutschieren lassen. Im Zentrum des Parks liegt Klucken (Kluki) mit einem Freilichtmuseum (s. Kasten S. 126), 10 km weiter westlich am Fuß des den Slowinzen heiligen Berges Rowokół (115 m) das Dorf Schmolsin (Smołdzino).
Słowiński Park Narodowy
76-214 Smołdzino
Tel./Fax (059) 811 72 04
811 73 39
Der Park ist ganzjährig zugänglich

(B/C 2-4) Kaschubische Schweiz (Szwajcaria Kaszubskie)
Die eigentliche kaschubische Schweiz liegt mit dem Landschaftsschutzpark Wdzydze (Wdzydzki Park Krajobrazowy) um den gleichnamigen See südwestlich von Kartuzy (Karthaus), doch es wird auch das Gebiet des Kaschubischen Landschaftsschutzparks (Kaszubski Park Krajobrazowy) um den Radaunensee (Jezioro Raduńskie) hinzugerechnet. Schöne Fahrtroute („Kaschubische Straße") von Kartuzy (Karthaus) über Chmielno (Ludwigsdorf) und Brodnica (Strasburg) zum 329 m hohen Wieżyca (Turmberg), dem „Kaschubischen Olymp", malerische grüne Hügellandschaft mit eingebetteten Seen. Die Gegend südlich von Koscierzyna mit ihren großen sauberen Seen ist geprägt von Kiefernwäldern, die sich bis zur Tucheler Heide hinziehen. Die alten Holzhäuser der Kaschuben sind weitgehend wenig einfallsreichen Zweckbauten und Feriensiedlungen gewichen. Viele Privatquartiere.

STRANDORTE

Kaschubei

(A 1) **Rowy (Rowe)**
Feriendorf am Rand der Leba-Dünen. Sand und Strand schier endlos.
(B 1) **Łeba (Leba)**
Lange, belebte Strände, Surfer, moderne Marina.
(D 1) **Jastrzębia Góra (Habichtsberg)** s. Seite 56
(D 2) **Sopot (Zoppot)** s. Seite 84

Halbinsel Hela (Hel)

im Hochsommer Hochbetrieb
(D 1) **Chałupy (Ceinowa)**
Surferzentrum, FKK wird geduldet.
(D 1) **Jastarnia (Heisternest)**
Windsurfen, sonst. Wassersport.
(E 1) **Jurata** Mondänes Seebad der Vorkriegszeit, man knüpft daran an. Wassersport aller Art.
(E 2) **Hel (Hela)**
Baden an den weißen Stränden der Nehrungsspitze. Noch viele Relikte eines Fischerorts.

Frische Nehrung (Mierzeja Wiślana)

(F 2) **Krynica Morska (Kahlberg)**
Weiter Strand, letzter lebhafter Ort vor der russischen Grenze. Im Haff nicht baden.

RADWANDERN

Im Sattel kommt man der Natur und vielen Sehenswürdigkeiten näher. Radwanderungen werden immer beliebter, selbst in und um Danzig, wo es einen guten Küstenradweg vom Stadtteil Brezno (beim Hotel Lido) nach Zoppot (Sopot) gibt. In Ermland und Masuren sind etwa 600 km Radrouten markiert. Die wichtigsten Ziele in Masuren sind auf Ein- und Mehrtagestouren die Rominter (Puszcza Romincka), die Borkener (Puszcza Borecka) und die Johannisburger Heide (Puszcza Piska). In der Kaschubei sind Radwanderungen durch den Slowinzischen Nationalpark (Słowiński Park Narodowy) und den Kaschubischen Landschaftsschutzpark (Kaszubski Park Krajobrazowy) rund um den Radaunensee (Jezioro Raduńskie) oder zur Marienburg ein Erlebnis. Wer bei einem Tourenveranstalter bucht und nicht auf eigene Faust losradelt, bewegt sich weitgehend abseits von viel befahrenen Straßen, auf denen Radler erbarmungslos an den Rand gedrängt werden. In der Nähe von Mikołajki, Kętrzyn und Kosewo z. B. sind Feld- und Waldwege als Radlerrouten ausgewiesen. Grundregel fast überall: Es geht bergauf und bergab und manchmal muss man sich durch tiefen Sand quälen. Generell: ein Kompass ist manchmal sehr hilfreich.

Rotalis

85593 Baldham, Tel. (081 06) 359 10
Fax 341 75, info@rotalis.de
www.rotalis.de

Der Spezialveranstalter bietet eine siebentägige Radrundfahrt von Danzig über die Elbinger Höhe nach Frauenburg an, von wo ein eintägiger Schiffsausflug ins russische Kaliningrad (Königsberg) unternommen wird. Dann über Elbing nach Masuren, zur Marienburg und an Nogat und Weichsel entlang zurück nach Danzig.
(Mai bis September)

DNV Tours

70806 Kornwestheim
Heubergstraße 21
Tel. (071 54) 13 18 30, Fax 13 18 33
info@dnv-tours.de, www.dnv-tours.de

Tagsüber in den Pedalen, nachts in der Kajüte: Sieben Radeltage an den Großen Masurischen Seen zwischen Steinort (Sztynort) und Johannisburg (Pisz) wechseln sich mit Abenden und Übernachtungen auf dem Schiff „MS Classic Lady" ab. (Mai-Sept.)

Polnische Veranstalter mit umfangreichen Radwanderprogrammen sind:

Nature Travel
15-888 Bialystok
Tel. (085) 744 45 62
Fax 744 45 34
nattrav@masuren.travel.pl

Wama-Tour
Beata Bargiel
ul. Konarskiego 1/1, 11-500 Grżycko
Tel./Fax (087) 429 30 79

Ein guter Radreiseführer:
Peter H. Ostendorf: **„Radtouren in Masuren"**, Outdoor-Handbuch, Conrad Stein Verlag

CAMPING

Im Zelt oder Campingmobil ist man an der Ostseeküste und in Masuren der Natur am nächsten und romantisch ist so ein Urlaub auch. Die Qualität der Plätze ist unterschiedlich. Auf manchen kann man noch nicht mit allzu hohem Standard der sanitären Einrichtungen rechnen, andere entsprechen durchaus westlichen Ansprüchen. Fast überall gibt es inzwischen elektrische Anschlüsse. Manche Bauern stellen ihre Wiese für Camper zur Verfügung. Oft sehr idyllisch im Wald liegen die Biwakplätze (pole biwakowe) an den masurischen Seen. Das sind meistens einfache Waldwiesen ohne jede Infrastruktur, dafür aber eben naturnah. Verzeichnis polnischer Campingplätze nach Regionen auf Deutsch unter
www.campingpolska.com

Radwanderer genießen die schattigen Alleen – ehe es wieder durch den Sand geht

RÜCKBLICK

Die letzte Fahrt der „Goya“

Ihr Untergang forderte möglicherweise die meisten Opfer in der Geschichte der Seefahrt

Ebenen Kiels, flach auf dem Meeresgrund, liegt 23 Seemeilen vor der Danziger Bucht das Frachtschiff „Goya“ in 78 Meter Tiefe. Das Wrack ist in relativ gutem Zustand, Steuer und Maschinentelegraf sind fast unversehrt. Entdeckt hat die „Goya“ der Taucher Ulrich Restemeyer am 16. April 2003, auf den Tag genau 58 Jahre nach ihrem Untergang. Er, der bereits die „Wilhem Gustloff“ 1991 und die „General von Steuben“ 2002 auf dem Ostseegrund aufgespürt hatte, arbeitete mit modernsten Sonargeräten, die mit Schallwellen den Boden absuchten. Sehr schnell waren dann erste Bilder zu sehen. Die Ortung der „Goya“ erinnerte an eine der zwei größten Schiffstragödien mit mehr als 7000 Toten („Gustloff“ 6000-9000).
Im Frühjahr 1945 sind Ostpreußen und Teile Westpreußens durch sowjetische Truppen bereits vom Reichsgebiet abgeschnitten. Für Flüchtlinge ist der Weg nach Westen nur noch über die Ostseehäfen Königsberg, Pillau, Danzig, Gdingen (Gotenhafen) und Hela offen. Die Kriegsmarine schickt jedes verfügbare Schiff zum Flüchtlingstranport in die Ostsee (insgesamt werden 1,2 Millionen Menschen auf dem Seeweg gerettet).
Zigtausende sind im April auf dem Weg über das zugefrorene Frische Haff und die Frische Nehrung zur Danziger Bucht und zur Halbinsel Hela. Dort liegt am Morgen des 16. April ein aus dem Transportschiff „Goya“, dem Dampfer „Kronenfels“, dem Hochseeschlepper „Ägier“ und zwei Minensuchbooten bestehender Geleitzug. Noch während die Menschen vom Strand übergesetzt werden, beginnt ein Bombardement sowjetischer Tiefflieger. Die „Goya“ wird stark beschädigt, läuft jedoch mit mehr als 7000 Passagieren und dem Konvoi aus. An Bord des hoffnungslos überfüllten Schiffs: Frauen, Kinder, Alte, verwundete Soldaten, viele nur an Deck, doch froh, auf dem vermeintlich rettenden Schiff zu sein. Tausende andere müssen zurückbleiben.
Um 23.52 Uhr nimmt die Tragödie ihren Lauf. Das sowjetische U-Boot L 3 hat die „Goya“ im Visier. Zwei Torpedos treffen. Das Flüchtlingsschiff sinkt binnen sieben Minuten. Die Mannschaften der Begleitschiffe können nur 172 Menschen aus dem eiskalten Wasser retten.
In einem kleinen Park in Frombork (Frauenburg) steht ein Gedenkstein mit deutscher und polnischer Inschrift: „450 000 ostpreußische Flüchtlinge flohen über Haff und Nehrung, gejagt vom unerbittlichen Krieg. Viele ertranken, andere starben in Eis und Schnee. Ihr Opfer mahnt zu Verständigung und Frieden.“ *T.M.R.*

Flüchtlingsschiff „Goya“. Ein Werk des Marinemalers Klaus-Rainer Forst

um 960 Erwähnung des Volkes der Prußen (lat. *pruteni)* durch Reisende.
997 Adalbert (Wojciech) von Prag wird auf einer Missionsreise von den Prußen ermordet.
1190 Gründung des deutschen Marien-Ordens bei Akkon im Heiligen Land.
1226 Konrad von Masowien bittet den Deutschen Orden um Hilfe gegen die Prußen.
1273 Endgültige Unterwerfung der Prußen.

Der Sieg des polnisch-litauischen Heeres 1410 über den Ritterorden ist bis heute ein Mythos

1309 Der Orden verlegt seinen Sitz auf die Marienburg.
1386 Der litauische Großfürst Jagiello heiratet die polnische Königstochter Jadwiga. Polnisch-litauisches Bündnis.
1410 Niederlage des Ordens in der Schlacht von Tannenberg.
1453-66 Dreizehnjähriger Krieg zwischen Orden und Preußischem Bund.
1457 Residenz des Hochmeisters nach Königsberg verlegt.
1525 Der letzte Hochmeister tritt zur Lehre Luthers über und macht aus dem Ordensstaat ein weltliches Herzogtum. Ostpreußen wird mit Ausnahme des Ermlandes evangelisch.
1618 Personalunion Preußens mit Brandenburg.
1701 Kurfürst Friedrich III. in Königsberg als Friedrich I. zum König in Preußen gekrönt.
1732 Salzburger Protestanten wandern nach Ostpreußen ein.
1772 Erste Teilung Polens. Besetzung der Marienburg durch preußische Truppen.
1807 Napoleon besiegt die Preußen bei Preußisch Eylau, und besetzt Königsberg. Friede von Tilsit.
1813 Befreiungskriege.
1832 Russische Glaubensflüchtlinge in Masuren.
1914 Ostpreußen wird Kriegsschauplatz, Hindenburg gewinnt die Schlacht bei Tannenberg gegen die Russen.
1919 Versailler Vertrag verschafft dem wiedererstandenen Polen den Zugang zum Meer, Ostpreußen durch den „Korridor“ vom Reich getrennt.
1920 Volksabstimmung im südlichen Masuren und im Ermland: 97,8 % für Verbleib bei Ostpreußen. Danzig wird Freistaat.
1939 Beschuss der Westerplatte im Hafen von Danzig. Beginn des Zweiten Weltkriegs.
Januar 1945 Großoffensive der Roten Armee in Ostpreußen. Millionen Menschen fliehen, viele über das zugefrorene Haff und die Frische Nehrung. Hunderttausende blieben zurück.
August 1945 Konferenz von Potsdam, Übernahme der Verwaltung durch Polen.
1946/47 Ausweisung der Deutschen, die meisten Masuren in den Dörfern dürfen bleiben, müssen aber für Polen optieren. Ansiedlung von Menschen aus Zentralpolen und den polnischen Ostgebieten.
1956 Entstalinisierung. Viele verbliebene Deutsche dürfen ausreisen. Weitere Ausreisewellen in den sechziger und siebziger Jahren.

An der Westerplatte in Danzig begann der Zweite Weltkrieg

1970 Blutige Unterdrückung von Streiks und Unruhen in Danzig.
1980 Streik auf der Danziger Werft. Gründung der Gewerkschaft Solidarność.
1981 Kriegsrecht, viele Solidarność-Führer werden verhaftet.
1989 Ende der kommunistischen Herrschaft in Polen.
2004 Polen ist Mitglied der EU.

A
B
C
D
E
Słowiński Park Narodowy
Łącka Góra
Łeba
Jez. Łebsko
Rąbka
Kluki
Smołdzino
Gardna
Jez. Gardno
Główczyce
Izbica
Wicko
Maszewko
Łebień
Gęś
Pobłocie
Żelkowo
Łupawa
Szczypkowice
Stowięcino
Garczegorze
Redkowice
Lębork
Lauenburg
Damno
Damnica
Lubuczewo
Słupsk
Stolp
Mianowice
Potęgowo
Czerwieniec
Pogorzelice
Maszewo
Unieszyno
Nowa Dąbrowa
Wargowo
Dębnica Kaszubska
Dobieszewo
Gogolewo
Podkomorzyce
Kozin
Czarna Dąbrówka
Szwajcaria
Niemczewo
Żelkówko
Park Krajobrazowy Dolin Słupi
Suchorze
Nożyno
Unichowo
Kołczygłowy
Krosnowo
Trzebielino
Borzytuchom
Gostkowo
Bytów
Bütow
Lubno
Ponikła
Niezabyszewo
Tuchomie
Rekowo
Kramarzyny
Borzyszkowy
Piaszczyna
Brzeźno Szlacheckie
Lipnica
Zapceń
Trzyniec
Borowy Młyn
Zaborski Park Krajobrazowy
Laska
Leśna
Przewóz
Sominy
Trzebuń
Przymuszewo
Wdzydzki Park Krajobrazowy
Jezioro Wdzydze
Wdzydze Tucholskie
Borsk
Kalisz
Dziemiany
Wdzydze
Gołuń
Lipusz
Studzienice
Rabacino
Półczno
Parchowo
Jasień
Rokity
Maleszki
Puzdrowo
Kaszubskie
Kaschubische
Schweiz
Słupia
Wda
Sulęczyno
Kłukowa Huta
Gostomie
Korne
Kościerzyna
Berend
Stężyca
Gołubie
Szymbark
Wieżyca
Mściszewice
Gowidlino
Tuchlino
Sierakowice
Kaszubski Park Krajobrazowy
Mirachowo
Potęgowo
Bukowina
Osowo Lęborskie
Popowo
Linia
Lebunia
Nawcz
Białogóra
Wierzchucino
Kopalino
Sasino
Ulinia
Choczewo
Żelazno
Mierzyno
Brzeźno Lęborskie
Chynowie
Łęczyce
Godętowo
Bożepole Wielkie
Luzino
Dębki
Karwia
Karwieńskie Błoto
Odargowo
Żarnowiec
Krokowa
Jez. Żarnowieckie
Gniewino
Rybno
Zamostne
Bolszewo
Wejherowo
Neustadt
Park Krajobrazowy
Jastrzębia Góra
Chłapowo
Władysławowo
Großendorf
Swarzewo
Chałupy
Kuźnica
Jastarnia
Jurata
Hel
Mierzeja Helska
Nadmorski Park Krajobrazowy
Karlskrona
Kopenhagen
Oxelösund
Nynäshamn
Starzyno
Połczyno
Puck
Putzig
Leśniewo
Wielka Piaśnica
Sławutówko
Rzucewo
Osłonino
Mrzezino
Reda
Rheda
Rewa
Kosakowo
Rumia
Rahmel
GDYNIA
GDINGEN
Sopot
Zoppot
GDAŃSK
DANZIG
Zatoka Gdańska
Trójmiejski Park Krajobrazowy
Sopieszyno
Smażyno
Szemud
Koleczkowo
Kielno
Chwaszczyno
Łebno
Kowalewo
Strzepcz
Pomieczyno
Przodkowo
Miszewo
Oliva
Wrzeszcz
Langfuhr
Żukowo
Kartuzy
Karthaus
Łapalice
Miechucino
Chmielno
Jez. Raduńskie
Brodnica Górna
Reboszewo
Somonino
Borcz
Borowo
Radunia
Otomin
Sulmin
Kolbudy Górne
Straszyn
Ostrzyce
Egiertowo
Przywidz
Jodłowno
Kłobuczyn
Grabowo Kościerskie
Trzepowo
Będomin
Nowa Karczma
Guzy
Mierzeszyn
Trąbki Wielkie
Kleszczewo
Gołębiewo
Łęgowo
Pszczółki
Pruszcz Gdański
Praust
Jantar
Stegna
Mikoszewo
Przejazdowo
Koszwały
Drewnica
Żuławki
Kiezmark
Trutnowy
Cedry Wielkie
Grabiniec
Suchy Dąb
Steblewo
Wisła
Nowa Kościelnica
Ostaszewo
Lubieszewo
Palczewo
Nowy Staw
Lichnowy
Tralewo
Miłobądz
Lubiszewo Tczewskie
Tczew
Dirschau
Turze
Godziszewo
Skarszewy
Wysin
Liniewo
Głodowo
Sobącz
Nowe Polaszki
Str. Kościerskie
Wierzyca
Czarnocin
Pogódki
Kleszczewo
Starogard Gdański
Preußisch Stargard
Człuchów
Trzcińsk
Linowiec
Kokoszkowy
Szpęgawsk
Czarlin
Swarożyn
Gnojewo
Malbork
Marienburg
Nogat
Mątowy Wielkie
Subkowy
Miłoradz
Gościszewo
Pogorzała Wieś
Pelplin
Gręblin
Rudno
Piekło
Sztum
Biała Góra
Sztumska Wieś
Czernin
Postolin
Jabłowo
Bobowo
Nowa Cerkiew
Gniew
Mewe
Ryjewo
Watkowice Małe
Janowo
Gurcz
Brachlewo
Tychnowy
Orkusz
Piaseczno
Barłożno
Kościelna Jania
Mała Karczma
Korzeniewo
Leśna Jania
Opalenie
Rakowiec
Licze
Kwidzyn
Marienwerder
Kołodzi
Pieniążkowo
Grabówko
Twarda Góra
Nebrowo Wielkie
Wandowo
Nowe
Sadlinki
Otłowo
Cygany
Wielki Wełcz
Gardeja
Czarne Dolne
Warlubie
Wielki Komorsk
Mątawy
Dusocin
Szembruk
Skurgwy
Jankowice
Rogóżno
Łasin
Dolna Grupa
Mniszek
Kłódka
Nicwałd
GRUDZIĄDZ
GRAUDENZ
Sartowice
Gruta
Świecie
Podwiesk
Okonin
Park Krajobrazowy Doliny Dolnej Wisły
Rywałd Szlachecki
Radzyń Chełmiński
Zielnowo
Książki
Paparzyn
Błędowo
Krusin
Płużnica
Nowa Wieś Królewska
Jarantowice
Kruszyny
Lisewo
Jezioro Wieczno
Wąbrzeźno
Osieczek
Przydwórz
Dębowa
Drzonowo
Bocień
Ryńsk
Niedźwiedź
Dźwierzno
Orzechowo
Zieleń
Chełmża
Lipnica
Grzywna
Kowalewo Pomorskie
Ostrowite
Wielka Łąka
Turzno
Golub-Dobrzyń
E28
E75
E77
216
1
6
7
15
16
22
5
6
7
115
122
141
181
197
202
246
256
328
134
107

F
G
H
I
K
KALININGRAD
KÖNIGSBERG
RUSSLAND
Gdańska
Bucht
Klaipeda
Rostock
Jantarnyj
Okunewo
Powarowka
Kruglowo
Parusnoe
Primorsk
Baltijsk
Pillau
Kaliningradskij zaliw
Swetlyj
Wolocaewskoe
Gur'ewsk
Pregolia
Gwardejsk
Lugowoe
Bagrationowsk
Pr. Eylau
Mamonowo
Ladušin
Park Krajobr. Mierzeja Wiślana
Mierzeja Wiślana
Nehrung
Frische
Krynica Morska
Frombork
Frauenburg
Braniewo
Braunsberg
Zalew Wiślany
Frisches Haff
Park Krajobr. Wysoczyzny Elbląskiej
Elbląg
Elbing
Tolkmicko
Warmia
Ermland
Pieniężno
Orneta
Wormditt
Bartoszyce
Bartenstein
Lidzbark Warmiński
Heilsberg
Korsze
Korschen
Reszel
Rößel
Pasłęk
Preußisch Holland
Jez. Druzno
Miłakowo
Dobre Miasto
Guttstadt
Morąg
Mohrungen
Biskupiec
Bischofsburg
Jeziorо Wadąg
Olsztyn
Allenstein
Pojezierze
Ostróda
Osterode
Jez. Drwęckie
Park Krajobrazowy Pojezierza Iławskieo
Iława
Deutsch Eylau
Olsztynek
Hohenstein
Freilichtmuseum
Jezioro Pluszne
Jezioro Łańskie
Szczytno
Ortelsburg
Masurische
Lubawa
P. Kr. Wzg. Dylewski
Stębark
Tannenberg
Nowe Miasto Lubawskie
Brodnicki Park Krajobrazowy
Welski Park Krajobraz.
Lidzbark
Gorznieńsko-Lidzbarski Park Krajobrazowy
Brodnica
Strasburg
Działdowo
Soldau
Nidzica
Neidenburg
Wielbark
Chorzele
Mława
Mielau
Iłowo Osada
A192
A191
A193
A229
A195
A194
E28
E77
E7
54
22
7
16
51
53
15

Orte

Bartoszyce/Bartenstein .... I 3
Brodnica Górna .... C 3
Buczyniec .... G 4
Bytów/Bütow .... B 3
Chałupy .... D 1
Chłapowo .... D 1
Chmielno .... C 3
Dąbrówno .... H 6
Dębki .... C 1
Dobre Miasto/Guttstadt .... I 4
Drogosze .... K/L 3
Elbląg/Elbing .... F 3
Ełk/Lyck .... N 4
Frombork/Frauenburg .... G 2/3
Gajlity .... I 4
Galiny .... I/K 3
Gałkowo .... L 5
Gdańsk/Danzig .... D 2/3
Gdynia/Gdingen .... D 2
Gietrzwałd .... H 5
Giżycko/Lötzen .... M 4
Gołdap/Goldap .... N 3
Grunwald .... H 6
Hel .... E 2
Jastarnia .... D 1
Jastrzębia Góra .... D 1
Jędrychowo .... K 4
Jegławki .... L 3
Jurata .... E 1
Jurkowo .... M/N 3
Kadyny .... F 3
Kadzidłowo .... L 5
Kamieniec .... F 5
Kartuzy/Karthaus .... C 3
Katy Rybackie .... F 3
Kawia .... C 1
Kętrzyn/Rastenburg .... L 4
Kiezmark .... E 3
Kinkajmi .... K 3
Klekotki .... G 4
Kluki .... A 1
Kościerzyna/Berend .... C 3
Kosewo .... L 4
Krokowa .... C 1
Kruklanki .... M 3
Krutyń .... L 5
Krynica Morska .... F 2
Kuligi .... O 5
Kuźnica .... D 1
Kwidzyn/Marienwerder .... E 5
Kwitajny .... G 4
Łabędnik .... K 3
Łeba .... B 1
Lębork/Lauenburg .... B 2
Łęcze .... F 3
Liski .... K 3
Lidzbark Warmiński/Heilsberg .... I 3
Lutry .... K 4
Lwowiec .... K 3
Malbork/Marienburg .... E 4
Marynowy .... E/F 3
Mikołajki/Nikolaiken .... L 5
Mokiny .... I 5
Morąg/Mohrungen .... G 4
Mrągowo/Sensburg .... L 4
Nakomiady .... L 4
Nidzica/Neidenburg .... I 6
Ogonki .... M 3
Olsztyn/Allenstein .... I 5
Olsztynek/Hohenstein .... H 5/6
Orneta/Wormditt .... H 3
Osieka .... I 3
Ostróda/Osterode .... G/H 5
Pasłek/Preußisch Holland .... G 4
Piecki/Peitschendorf .... L 5
Pisz/Johannisburg .... M 5
Prosna .... K 3
Pruszcz Gdański/Praust .... D 3
Przykop .... M 4
Puck/Putzig .... D 1
Radzieje .... L 3
Reda/Rheda .... D 2
Reszel/Rößel .... K 4
Rowy .... A 1
Różyny .... D 3
Ruciane-Nida .... L/M 5
Rydzewo .... M 4
Ryn/Rhein .... L 4
Sądry .... L 4
Sasek Maly .... K 6
Satoczno .... K 3
Sławutówko .... D 1
Słobity .... G 3
Smołdzino .... A 1
Sopot/Zoppot .... D 2
Sorkwity .... K 4
Stare Jabłonki .... H 5
Stare Sady .... L 4
Starzyno .... D 1
Stębark/Tannenberg .... H 6
Stegna .... E 3
Şułowo .... I/K 3/4
Święta Lipka/Heiligelinde .... K 4
Szcztyno/Ortelsburg .... K 5/6
Szestno .... L 4
Sztutowo/Stutthof .... F 3
Sztynort .... L/M 3
Trutnowy .... E 3
Ukta .... L 5
Wdzydze .... C 4
Węgorzewo/Angerburg .... M 3
Wejherowo/Neustadt .... C 1/2
Widryny .... K 4
Wierzchucino .... C 1
Władisławowo/Großendorf .... D 1
Wojciechy .... H 4
Wojnowo .... L 5
Żarnowiec .... C 1
Żywkowo .... I 2

mit Schwimmbad, Tennisplatz und Konferenzsaal.
ul. Świętopełka 1, 84-150 Jurata
Tel. (058) 675 51 00
Fax 675 54 80, www.bryza.pl
hotel@bryza.pl €€€€

(B 1) Łeba (Leba)
Neptun
Schön und teuer. Früheres Kurhaus malerisch auf einer Düne am Meer.
ul. Sosnowa 1, 84-360 Łeba
Tel. (059) 866 23 31
Fax 866 23 57
hotel@neptun.2com.pl
www.neptunhotel.pl €€€

MASUREN UND ERMLAND

(F 3) Elbląg (Elbing)
Hotel Elzam
Erstes Haus am Platz, nüchtern. Hafen- und Altstadtnähe.
Pl. Słowiański 2, 82-300 Elbląg
Tel. (055) 230 61 91
Fax 232 40 83
www.hotel.elzam.com.pl €€

(N 4) Ełk (Lyck)
Hotel Rydzewski
Modern ausgestattet, Nähe Zentrum und Bahnhof.
ul. Armii Krajowej 32
19-300 Ełk, Tel./Fax (087) 621 60 53, 610 37 53
hotel@rydzewski.pl
www.rydzewski.pl €

Pensjonacik Grażyna
Kleines Haus am See, recht gemütlich.
ul. Nadjeziorna 11, 19-300 Ełk
Tel./Fax (087) 621 17 00
www.grazyna.elk.com.pl

(G 2/3) Frombork (Frauenburg)
Kopernik
Zentral in der Nähe des Hafens. Auch nach Renovierung Spuren sozialistischen Charmes.
ul. Koscielna 2
14-530 Frombork
Tel. (055) 2 43 72 85
Fax 243 73 00
www.polhotels.com/Elblag/Kopernik/index3.htm €

(M 4) Giżycko (Lötzen)
Hotel Europa
Modernes Hotel am See mit eigenem Bootssteg, Fahrräder, Wassersportgeräte.
ul. Wojska Polskiego 37, 11-500 Giżycko, Tel. (087) 429 30 01
Fax 429 25 54, recepcja@hotel europa-gizycko.pl, www.hoteleuropa.mazury.info.pl €€

Hotel Gajewo
Ruhig am Stadtrand. Reitbetrieb, gute Küche.
ul. Suwalska 5, 11-500 Giżycko
Tel. (087) 429 27 67
Fax 428 58 46
Gajewo@poczta.onet.pl
www.gajewo.republika.pl €(M

(L 4) Kętrzyn (Rastenburg)
Hotel Koch
Komforthotel im Zentrum. Sauna, Fahrräder.
ul. Traugutta 3, 11-400 Ketrzyn
Tel. (089) 752 20 58
Fax 752 23 90, koch@post.pl
www.mazury.com.pl €€

(L 4) Kosewo (Kosewen)
Pensjonat Hubertus
Gemütliche Pension 9 km von Mrągowo in ruhiger Lage, familiäre Atmosphäre, eigener Badesteg, HP.
Kosewo 77, 11-732 Mrągowo
Tel./Fax (089) 742 45 57
hubertus@pensjonat-hubertus.pl
www.pensjonat-hubertus.pl €

(M 3) Kruklanki (Kruglanken)
Freizeitzentrum Helena
Am Goldapgar-See, die Wälder der Borkener Heide (Puszcza Borecka) sind nahe. Komfortzimmer, Ferienhäuschen, Ausflugsangebote, Reiten, Boote. Ideal für Familien.
Jeziorowskie 31, 11-612 Kruklanki, Tel. (087) 421 73 33
biuro@owhelena.com.pl
www.owhelena.com.pl €

(L 5) Krutyń (Kruttinnen)
Pension Habenda
Alt- und Neubau, gemütlich. Inhaber deutscher Herkunft. Bootsverleih.
Krutyn 42, 11-710 Piecki
Tel. (089) 742 12 18
info@habenda.com
www.habenda.com €

(E 4) Malbork (Marienburg)
Hotel Stary Malbork
Komforthotel in einem restaurierten Jugendstilhaus der Altstadt.
ul. 17 Marca 26/27, 82-200 Malbork, Tel. (055) 647 24 00
www.hotelstarymalbork.com.pl €€

Hotel Zamek (Schlosshotel)
Komforthotel neben der Burg im modernisierten früheren Knechte-Spital des Ordens.
ul. Staroscińska 14
82-200 Malbork
Tel./Fax (055) 272 33 67
272 84 00 €€€

(L 5) Mikołajki (Nikolaiken)
Hotel Golebiewski
Massentourismus mit Komfort: 1200 Betten. Erlebnisbad, Golfunterricht, Kutschfahrten, Helikopter, Nachtklub.
ul. Mrągowska 34, 11-730 Mikołajki, Tel. (087) 429 07 00
Fax 429 07 45
mikolajki@Golebiewski.pl
www.golebiewski.pl €€€

Hotel Amax
Gepflegter Neubau am See. Wellness, Schwimmbecken.
ul. Spacerowa 7, 11-730 Mikołajki, Tel. (087) 421 90 00
Fax 421 90 14
amax@hotel-amax.pl
www.hotel-amax.pl €€

Vorn die Allee, hinten die See: Das Grand Hotel in Zoppot

Gästehaus der Evangelischen Gemeinde
Neben der evangelischen Kirche, DZ mit Bad, HP.
Parafia Ewangelicko-Augsburska
Plac Koscielny 5,
11-730 Mikołajki,
Tel. (087) 421 62 93
Fax 421 66 64
mikolajki@luteranie.pl
www.luteranie.pl/ mikolajki

(L 4) Mrągowo (Sensburg)
Mrongovia
Großes Komforthotel am See. Schwimmbad, großer Wellness-Bereich.
ul. Giżycka 7, 11-700 Mrągowo
Tel. (089) 741 32 21
Fax 741 32 20
www.mrongovia.pl
mrongov@orbis.pl €€€

Mazuria
Eines von mehreren großen Hotels am Czos-See, komfortabel.
ul. Jaszczurcza Góra 28
11-700 Mrągowo
Tel. (089) 741 29 75
Fax 741 59 75
hotelmazuria@o2.pl
www.mazuria.prv.pl €

(M 3) Ogonki (Ogonken)
Villa Mamry
Familiär geführte Pension am Schwenzaitsee (Jez. Święcajty), umgeben von Wäldern und Wiesen. Komfortabel, stilvoll. Für die Leistungen preiswert.
Dziaduszyn 5 (Charlottenhof)
11-610 Pozezdrze
Tel. (087) 427 14 48, in Deutschland (081 36) 89 30 19
Fax (081 36) 89 30 22
www.mamry.de €

(I 5) Olsztyn (Allenstein)
Hotel Park
Komfort-Hotel am Stadtrand an der Straße nach Warschau.
ul. Warszawska 119. 10-701 Olsztyn, Tel. (089) 5 24 06 04
Fax 524 00 77, hpolsztyn@beph.pl, www.beph.pl €€

Hotel Villa Pallas
Alte Villa in einer Grünanlage 500 m von der Altstadt, Konferenzeinrichtungen, Wochenendermäßigungen.
ul. Żołnierska 4, 10-557 Olsztyn
Tel. (089) 53 501 15, Fax 535 99 15, hotel@villapallas.pl
www.villapallas.pl €€€

(G/H 5) Ostróda (Osterode)
Hotel Promenada
An der Seepromenade im Stadtzentrum, modern hergerichtet.
ul. Mickiewicza 3, 14-100 Ostróda, Tel. (089) 642 81 00
Fax 642 81 01
biuro@hotelpromenada.pl
www.hotelpromenada.com.pl €

Park Hotel
Am Bismarck-Turm, Seeblick.
ul. 3 Maja 21, 14-100 Ostróda
Tel. (089) 646 22 27
Fax 646 22 28 €

(L 3) Radzieje (Rosengarten)
Kietlice
Seglerstation am Mauersee, früheres Vorwerk von Steinort.
11-620 Radzieje, Tel. (087) 427 51 30, Tel./Fax 427 50 70
kietlice@kietlice.pl
www.kietlice.pl €

(L/M 5) Ruciane-Nida (Rudczanny Niedersee)
Hotel Nidzki
Außerhalb des Orts, idyllische Lage am Niedersee (Jezioro Nidzkie). Keine Hunde.
ul. Nadbrzezna, 12-220 Ruciane-Nida, Tel. (087) 423 64 01
Fax 423 64 03
hotel.nidzki@ta.pl, www.nidzki.hotelinpolen.de €€

INFO Über Nacht

(H 5) Stare Jabłonki (Altfinken)
Hotel Anders
Großer Hotelkomplex in einer Waldsiedlung mit eigenem Seesteg, Boote, Schwimmbad.
14-133 Stare Jabłonki, Tel./Fax (089) 641 14 89, 641 14 25
anders@hotelanders.com.pl
www.hotelanders.com.pl €€

(K 5/6) Szczytno (Ortelsburg)
Pensjonat Krystyna
Idyllisch im Wald am See gelegenes Haus mit ausgebautem Stall, Angeln, Fahrräder, Boot. 2 Ferienwohnungen, 2 Ferienhäuschen. Hier wohnte Ralph Giordano, als er sein Masuren-Buch schrieb. Besitzerin deutscher Herkunft.
Sawica 1, 12-100 Szczytno
Tel. (089) 624 16 44
www.masuren-ferien.de €

(I 2) Żywkowo (Schewecken)
Swojska Chata
Kleine gemütliche Landpension mit Kaminzimmer und Tagungsraum im Storchendorf. 14 Betten, Zeltplatz, Fischteich.
Żywkowo 2
11-220 Gorowo Iławeckie
Tel. (089) 761 81 70 €

WOHNEN IM SCHLOSS

(K 4) Jędrychowo (Heinrichshöfen)
Hotel im Park
(siehe Seite 84)
Jędrychowo 15, 11-731 Sorkwity
Tel. (089) 742 80 84
Fax 742 86 09, rezerwacja@hotelim park.com.pl
Saison ÜF DZ 21 € p. P., EZ 28 €
www.masuren-hotel.de

(F 3) Kadyny (Cadinen)
Kadyny Country Club
Ehemalige Sommerresidenz Kaiser Wilhelms II. am Frischen Haff. Den Reiz macht eher das benachbarte Gestüt als das Hotelangebot aus.
Kadyny, 82-340 Tolkmicko
Tel. (055) 231 61 20, Fax 231 62 00, www.kadyny.com.pl
kadyny@kadyny.com.pl
EZ 290 Zł, DZ 390 Zł, Apartment 520 Zł

(G 4) Klekotki (Rudolfsmühle)
Hotel Młyn Klekotki (Rudolfsmühle)
Stilvolles Komforthotel in einer ausgebauten Mühle in einem großen Waldgebiet in der Nähe von Morąg (Mohrungen). Sport, Wellness.
Klekotki, 14-407 Godkowo
Tel./Fax (055) 249 77 00
www.hotelmlynklekotki.pl
recepcja@hotelmlynklekotki.pl
ÜF DZ 395 Zł, EZ 295 Zł

(C 1) Krokowa (Krockow)
Zamek Krokowa (Schloss Krockow)
Das wiederhergestellte Schloss mit seinem gepflegten Park ist ein stilvolles Hotel mit antiken Möbeln, alten Kachelöfen und modernen Bädern. Rechtzeitig buchen. Die „Stiftung Europäische Begegnung – Kaschubisches Kulturzentrum Krokowa" veranstaltet gelegentlich Tagungen. Sehr schön ist das angegliederte Regionalmuseum. Nicht weit zur Ostsee.
ul. Zamkowa 1, 84-110 Krokowa
Tel. (058) 774 21 11
Fax 774 21 10, zamek@centrum.home.pl, www.centrum.home.pl

(I 3) Osieka (Hermenhagen)
Hotel Biały Książe - 1861
Liebevoll mit vielen Antiquitäten restauriertes Gutshaus zwischen Lidzbark Warmiński (Heilsberg) und Bartoszyce (Bartenstein).
11-200 Bartoszyce
Tel. (089) 762 62 66, Fax 762 12 16, www.bialyksiaze.pkt.pl, suberlak@wp.pl
EZ 120 Zł, DZ 150 Zł

In den Gemächern kaschubischer Grafen: Schlosshotel Krockow

(K 4) Reszel (Rößel)
Zamek Reszel (Burg Rößel)
Originell gestaltete Komfortzimmer in der mittelalterlichen Burg der ermländischen Bischöfe. Künstlerische Atmosphäre.
ul. Podzamcze 3, 11-440 Reszel
Tel. (089) 755 01 09 und 755 07 59, Fax 755 15 97
www.zamek-reszel.com
info@zamek-reszel.com
ÜF DZ 190-250 Zł, EZ 140-170 Zł, Apartment für 4 Personen 360 Zł

(K 4) Sorkwity (Sorquitten)
Neugotisches Schloss (ehemals Sitz der Familie von Mirbach) in einem schönen Park am See. Nach der Restaurierung Hotel, das auch alle möglichen Freizeitversanstaltungen organisiert.
Sorkwity, Zamkowa 15, 11-731 Sorkwity, Tel. (089) 742 81 89
Fax 742 82 51, www.palacsorkwity.com.pl, palacs@cso.com.pl
DZ 160-200 Zł, EZ 120 Zł

(H 4) Wojciechy (Gartenpungel)
Palac Wojciechy
(siehe Seite 84)
Wojciechy, 14-310 Miłakowo
Tel./Fax (089) 616 98 50
www.wojciechy.info1.pl
DZ 110-150 Zł, Apartment 260-270 Zł

(I 4) **Gajlity (Galitten)**
Eines der kleinsten Landgüter im Ermland in der Nähe von Lidzbark Warmiński (Heilsberg).
Teresa Czernik , Gajlity 2
11-111 Kraszewo, Tel. (089) 766 17 66, www.gajlity.republika.pl, gajlity@poczta.onet.pl

FERIENHÄUSER/ FERIENWOHNUNGEN

vermitteln u.a. welcome2masuria (s. Seite 112) und www.masuren-online.de

BAUERNHOF-FERIEN

u. a. bei den deutschstämmigen Landfrauen in Ermland und Masuren siehe unter „Aktiv / Natur erleben" (S. 126)

CAMPING

siehe „Natur erleben" (S. 126) und www.campingpolska.com

MERIAN | TIPP

Schlösschen im Wald
Umgeben von hohen Buchen und etwas zurückgelegen an der Straße 216 von Reda (Rheda) nach Władysławowo (Großendorf) liegt kurz vor Puck (Putzig) das mit viel Liebe von einem Privatbesitzer wiederhergerichtete Gut Below. Dieses sehr persönlich geführte Hotel (16 Doppelzimmer) hat ein gepflegtes Restaurant mit einer erstklassigen Speisekarte (Tipp: Wildschweinbraten!) und guten Weinen. Gemütlich sind die Abende in der Halle am Kamin. In den alten Gutsställen werden Tarpans, die polnischen Wildpferdchen, zottelige schottische Rinder und Ziegen gehalten (Kinderbesuche willkommen). Im weitläufigen Gutspark befinden sich Grabstätten der früheren Besitzerfamilie von Below.
Palac Below (Schloss Below)
(D 1) Slawutówko
(Klein Schlatau)
84-122 Żelistrzewo
Tel./Fax (058) 673 84 17
www.palac-below.com
info@palac-below.com €

Refugium nach der Rückkehr von der See: Schloss Below

MERIAN-Straßenkarte
MASUREN
Danzig und Ostseeküste
Autobahnähnliche Straße
Fernverkehrsstraße
Hauptstraße
Nebenstraße
Eisenbahn
Flughafen
Flugplatz
Kirche; Kloster
Schloss, Burg; Ruine
Denkmal
Leuchtturm
Aussichtspunkt
Strand
UNESCO-Weltkulturerbe
© MERIAN-Kartographie
LITAUEN
POLEN
Ostsee
Danzig
Allenstein
Stettin
Frankfurt/Oder
Warschau
Lodz
Krakau
Weichsel
s. Straßenkarte
RUS
LT
BY
UA
SK
CZ
D
Suwałki
Augustów
Ełk Lyck
Giżycko Lötzen
Kętrzyn Rastenburg
Olecko Treuburg
Gołdap Goldap
Węgorzewo Angerburg
Orzysz Arys
Pisz Johannisburg
Grajewo
Ostrołęka
Białystok
Marijampolė
Černjahowsk Insterburg
Gusew
Masurische Seenplatte
Jezioro Śniardwy Spirdingsee
Jez. Mamry Mauersee
Biebrzański Park Narodowy
Wigierski Park Nar.

MERIAN | TIPP

Kolbe lädt Jugendliche ein

Hinter alten Backsteinmauern befindet sich eine junge und quicklebendige Begegnungsstätte für Jugendliche aus Polen und Deutschland, Litauen, Weißrussland und der Ukraine, aber auch aus anderen Ländern. Man trifft sich zu Tagungen, Workshops und Ausflügen. Mehrere Stiftungen finanzieren die Arbeit des Maximilian Kolbe Hauses, das eng mit dem Deutsch-Polnischen Jugendwerk kooperiert. Wenn Platz ist, nimmt Pater Roman gern Gäste auf. Die Zimmer sind einfach, aber zweckmäßig eingerichtet. Das Haus liegt zentral am Rand der Altstadt, ein bewachter Parkplatz ist nebenan.

(a 8) Maximilian Kolbe Haus für Versöhnung und Begegnung
ul. Św. Trójcy 4
Tel./Fax (058) 301 57 21
www.dmk.pl
biuro@dmk.pl €

Hotel Neptun am Strand von Leba: draußen leger, innen gediegen

DANZIG (GDAŃSK)

(c 4) Dom Muzyka
Gästehaus der Musikhochschule, fünf Minuten von Langgasse und Marienkirche. Geschmackvoll und auch für Gäste ohne Instrument. Restaurant, Internetcafé.
ul. Łąkowa 1-2, Tel. (058) 326 06 00, Fax 826 06 01
www.dom-muzyka.pl
biuro@dom-muzyka.pl €

(c 3) Hanza
Luxuriös. Neubau im Hanse-Retro an der Mottlau-Promenade, recht kühl gestylt. Auf der Terrasse sitzend ist man passiver, aber genießender Teilnehmer des Schaulaufens. Zimmer zur Mottlau reservieren!
ul. Tokarska 6, Tel. (058) 305 34 27, Fax 305 33 86
www.hanza-hotel.com.pl
€€€€

(c 3) Królewski
Stilvoll. Im restaurierten alten Königsspeicher (Spichlerz Królewski) auf der Mottlauinsel Ołowianka. Von der Wasserseite Blick auf das Postkartenpanorama des rechtstädtischen Mottlauufers. Für Komfort und Lage ein günstiger Preis.
ul. Ołowianka 1, Tel. (058) 326 11 11, Fax 326 11 10
www.hotelkrolewski.pl €€€

(b 2) Mercure Hevelius
Hochhaus in Zentrums- wie in Werftnähe. Stolz der spätsozialistischen Hotellerie, nach westeuropäischen Maßstäben gute Mittelklasse. Grandiose Aussicht von den höheren Stockwerken. Zimmer zur Altstadtseite bestellen!
ul. Heweliusza 22
Tel. (058) 321 00 00, Fax 321 00 20 www.orbis.plmer.hevelius@orbis.pl €€€

(c 5) Novotel Gdańsk Centrum
Modernisiertes Hotel aus den Siebzigern, günstige Lage zur Rechtstädt, bewachter Parkplatz.
ul. Pszenna 1, Tel. (058) 300 27 50, Fax 300 29 50
www.orbis.pl, rez.nov.gdansk@orbis.pl €€€

(a 1) Rzemieslnik
Am Strand in Jelitkowo. Das frühere Schulungszentrum strahlt noch etwas postsozialistischen Charme aus, aber man wohnt günstig. Radfahrweg vor der Tür.
ul. Piastowska 206
Tel. (058) 553 18 12, Fax 553 14 11, www.rzemieslnik.pl
biuro@rzemieslnik €

(D 2) Zoppot (Sopot)
Grand Hotel Orbis
Luxushotel am Strand mit großer Geschichte. Hier wurden schon vor dem Krieg hohe Staatsgäste untergebracht. Bei den Renovierungen ist etwas vom Charme der alten Zeit verloren gegangen. Casino, Wellness-Bereich.
ul. Powstańców Warszawy 12/14, Tel. (058) 551 00 41
Fax 551 61 24 www.orbis.pl
sogrand@orbis.pl €€€€

Haffner
Sehr gut geführtes neues Business-Hotel. Konferenzzentrum, Wellnessbereich mit Schwimmbad.
ul. Haffnera 59, Tel. (058) 550 99 99, Fax 550 98 00
www.hotelhaffner.pl, office@hotelhaffner.pl €€€€

Rezydent
Neu erbaut in der Nähe der Promeniermeile Monte Cassino. Sieht aus wie der Sitz eines orthodoxen Metropoliten. Sauna, Jacuzzi, Massagen.
Plac Konstytucji 3. maja 3
Tel. (058) 555 58 00, Fax 555 58 01 www.HotelRezydent.com.pl, rezerwacja@HotelRezydent.com.pl €€€€

KASCHUBEI

(C 3) Chmielno
(ca. 15 km von Kartuzy)
Zajazd u Czórlińsciego
Schöner Blick über den See und die Hügellandschaft, kaschubische Atmosphäre.
ul. Gryfa Pomorskiego 63
83-333 Chmielno, Tel./Fax (058) 684 22 78, www.maxmedia.pl/czorlinski €

(D 1) Jastrzębia Góra
Astor
Neu, komfortabel, am Meer. Fitnesscenter, Tennisplätze, Schwimmbad.
ul. Rozewska 38
84-104 Jastrzębia Góra
Tel. (058) 771 55 55, Fax 771 51 00, astor@home.pl
www.astor.home.pl €€€

La Siesta
Zwischen Strand (ca. 100 m) und Stadtzentrum (ca. 70 m) Sauna, Solarium.
ul. Droga Rybacka 58
84-104 Jastrzębia Góra, Tel. (058) 674 91 97 Fax 674 94 14
poczta@lasiesta.pl
www.lasiesta.pl €€

(E 1) Jurata (Hela/Hel)
Bryza
Großes renoviertes Strandhotel in diesem gepflegten Kurort

MERIAN

Heft 8/2004, August, Erstverkaufstag dieser Ausgabe ist der 22.07.2004

MERIAN erscheint monatlich im Jahreszeiten Verlag GmbH, Poßmoorweg 5, 22301 Hamburg
Tel. 040/27 17-0, Fax 040/27 17-20 56 **Anschrift der Redaktion:** Harvestehuder Weg 42, 20149 Hamburg
Postfach 130444, 20139 Hamburg, E-Mail: Redaktion@Merian.de, Tel. 040/441 88-231, 441 88-240
Fax 040/441 88-310 **Website:** www.merian.de **Leserservice:** Postfach 601220, 22212 Hamburg
Tel. 040/87 97 35 40, Fax 040/27 17 - 20 79

Herausgeber: Manfred Bissinger
Chefredakteur: Andreas Hallaschka
Art Directorin: Sabine Lehmann **Chef vom Dienst:** Tibor M. Ridegh, Roland Benn (freie Mitarbeit)
Redakteure: Kathrin Sander, Charlotte von Saurma, Thomas Gebhardt (freie Mitarbeit), Thorsten Kolle (freie Mitarbeit)
Redakteur dieses Heftes: Tibor M. Ridegh **Schlussredaktion:** Roland Benn (freie Mitarbeit), Tibor M. Ridegh, Jasmin Wolf
Layout: Katharina Holstein-Sturm, Ingrid Koltermann, Dorothee Schweizer (stellv. Art-Direktorin)
Bildredaktion: Hanni Rapp, Michael Kleehaupt (freie Mitarbeit), Eva M. Ohms, Maria von Rospatt (freie Mitarbeit)
Bildredakteurin dieses Heftes: Petra Mellmann (freie Mitarbeit) **Kartographie:** Peter Münch
Dokumentation: Jasmin Wolf, freie Mitarbeit: Torsten Terraschke, Petra Wiechmann, Andrea Wolf
Mitarbeit: Helmut Golinger, Babett Walter **Herstellung:** Karin Harder
Redaktionsassistenz: Sabine Birnbach, Katrin Eggers, Sabine Richter (freie Mitarbeit)
Geschäftsführung Premium Magazine: Peter Rensmann **Verlagsleitung Premium Magazine:** Oliver Voss
Gesamt-Anzeigenleitung: Roberto Sprengel **Anzeigenleitung:** Christel Janßen
Anzeigenstruktur: Patricia Hoffnauer **Marketing:** Kenny Machaczek, Ulrich Rieger, Sonja Wünkhaus
Vertriebsleitung: Jörg-Michael Westerkamp (Zeitschriftenhandel), Thilo Heller (Buchhandel)
Verantwortlich für den redaktionellen Inhalt: Andreas Hallaschka
Verantwortlich für Anzeigen: Roberto Sprengel

Verlagsbüros Inland:
Hamburg: Tel. 040/27 17-25 95, Fax -2520, E-Mail: vb-hamburg@jalag.de
Berlin: Tel. 030/80 96 23-60, Fax -70, E-Mail: vb-berlin@jalag.de
Hannover: Tel. 0511/85 61 42-0, Fax -19, E-Mail: vb-hannover@jalag.de
Düsseldorf: Tel. 0211/901 90-0, Fax -19, E-Mail: vb-duesseldorf@jalag.de
Frankfurt: Tel. 069/97 06 11-0, Fax -44, E-Mail: vb-frankfurt@jalag.de
Stuttgart: Tel. 0711/966 66-520, Fax -22, E-Mail: vb-stuttgart@jalag.de
München: Tel. 089/99 73 89-30, Fax -44, E-Mail: vb-muenchen@jalag.de

Repräsentanzen Ausland:
Basel: Intermag AG, Tel. +4161/275 46-09, Fax -10, E-Mail: info@intermag.ch
Brüssel: Publicitas Media, Tel. +322/639 84-29, Fax -40, E-Mail: ibellis@publicitas.com
Danderyd: Annonsbolaget JB Media AB, Tel. +46/8753 96 04, Fax 708753240, E-Mail: anette@annonsbolaget.se
Frederiksberg: Jungersted & Brostrøm, Tel. +45/33 22-20 20, Fax -9959, E-Mail: gitte.schuler@jbmedia.dk
London: The Powers Turner Group, Tel. +44 20/7630 99 66 Fax 76 30 99 22, E-Mail: cweiss@publicitas.com
Mailand: Media & Service International Srl, Tel. +39 02/48 00 61 93, Fax 48 19 32 74, E-Mail: info@it-mediaservice.com
Paris: International Magazine Company, Tel. +331/53 64 88 91, Fax 45 00 25 81, E-Mail: imc@international.fr
Madrid: AMB Publicidad y Marketing, S.L., Tel. +34 91/300-54 54, Fax -5181, E-Mail: ambp@retemail.es
Wien: Verlagsbüro Kepreda, Tel. +43 1/87 71 78-2, Fax 877 87 11, E-Mail: 1@kepreda-jahreszeitenverlag.at
New York: The Russell Group Ltd., Tel. +12 12/213 11-55, Fax -60, E-Mail: info@russellgroupltd.com

Die Premium Magazin Gruppe im Jahreszeiten Verlag

A&W Architektur & Wohnen · COUNTRY · DER FEINSCHMECKER · WEIN Gourmet · MERIAN

Gülige Anzeigenpreisliste: Nr. 37d

Weitere Titel im Jahreszeiten Verlag: Für Sie, petra, vital, PRINZ, A&W Architektur & Wohnen, COUNTRY, DER FEINSCHMECKER, WEINGourmet, schöner reisen, ZuhauseWohnen, SelberMachen
Litho: Alphabeta Druckformdienst GmbH, Hamburg. Druck und Verarbeitung: heckel GmbH, Nürnberg, schlott Gruppe
ISBN: 3-7742-6908-4, ISSN 0026-0029 MERIAN (USPS No. 011-458) is published monthly. The subscription price for the USA is $ 110 per annum. K.O.P.: German Language Publications, Inc., 153 South Dean Street, Englewood NJ 07631. Periodicals postage is paid at Englewood NJ 07631, and at additional mailing offices. Postmaster: send address changes to: MERIAN, German Language Publications, Inc. 153 South Dean Street, Englewood NJ 07631.

JAHRES ZEITEN VERLAG
Ein Unternehmen der
GANSKE VERLAGSGRUPPE

Der Titel zeigt einen Trakehner am Ufer des Muckersees, fotografiert von Walter Schmitz

Bildnachweis

Anordnung im Layout
o=oben, u=unten, r=rechts, l=links, m=Mitte.

Titel: Walter Schmitz; S. 3 ol Michael Müller, ml Peter Hirth, or Peter Peitsch, mr Sabine Wenzel, ur Stefan Hesse/dpa; S. 4/5 Kirsten Haarmann; S. 4 Peter Rigaud; S. 5 ml Marc-Oliver Schulz, ul W. Schmitz, or und mr S. Wenzel, ur P. Rigaud; S. 6 ol R. F. Steuszloff/Joker, or aus: Danzig in 144 Bildern, Hans Bernhard Meyer, Rautenberg 2002, mr T. Jagodzinski/Super Express, u Maciej Kosycarz/KFP; S. 8 ol P. Gajek/Super Express, or P. Rigaud, u C.P. Fischer/Food Archiv; S. 9 ol P. Rigaud, u W. Holzenbecher/Blickwinkel; S. 10-25 Klaus Bossemeyer; S. 16 W. Schmitz; S. 17 or Jordis Schlösser/Ostkreuz; S. 27 P. Hirth; S. 28 J. Schlösser/Ostkreuz; S. 30-37 P. Rigaud; S. 38-43 S. Wenzel; S. 44-54 P. Rigaud; S. 56-58 P. Hirth; S. 60-64 K. Bossemeyer; S. 66-75 P. Hirth; S. 76 aus: Masuren in 144 Bildern, Martin Kakies, Rautenberg 2002; S. 84-85 P. Rigaud; S. 86-95 M.-O. Schulz; S. 96-97 Galindia; S. 98-106 W. Schmitz; S. 108 o Tadeusz Willan, m Bossemeyer; S. 110 K. Bossemeyer; S. 111 o M. Kosycarz/KFP, m K. Haarmann; S. 112-113 M-SAT Planetobserver.com; S. 114 o P. Rigaud, m Dirk Bleyer; S. 115 or K. Bossemeyer, ul M. Kosycarz; S. 116 o D. Bleyer, m Reinhard Albers; S. 117 K. Bossemeyer; S. 118 o K. Bossemeyer, u M.-O. Schulz; S. 119 D. Bleyer; S. 120 Marek Zak; S. 123 P. Rigaud; S. 124 l Delpho/Gomersall/Harms/Muller/Usher/Wildlife, o K. Bossemeyer; S. 125 or Placzkowski/Reporter, m W. Schmitz; S. 126 m R. Albers, u K. Haarmann; S. 127 Evelyn Rois & Bruno Stubenrauch; S. 128 l M.-O. Schulz, or K. Bossemeyer; S. 129 D. Bleyer; S. 130 o AKG, m Klaus-Rainer Forst, u P. Rigaud; S. 134 o P. Hirth/Transit; S. 135 R. F. Steuszloff/Joker; S. 138 o Ed Gifford/Zefa, ul Preben S. Kristensen/laif, ur Gerald Hänel/ Garp; **Illustration:** S. 119 Merian Grafik; S. 120-121 Jürgen Willbarth

Wunderbares Chaos: Am Kolosseum herrscht immer Stau

Vatikanische Treppe: Start zum Kunstmarathon

Spanische Treppe: Jugend international

MERIAN Rom erscheint am 26. 8.

Aus dem Inhalt:

- Meine fünf Päpste – ein Korrespondent erinnert sich
- Vatikanische Museen: Wo bitte geht's zur Sixtinischen?
- Forum Romanum: Alltag vor 2000 Jahren
- Stadtteil Monti: Wo Roms Herz schlägt
- Rom mit Teenagern: Ruinen können so cool sein
- Ostia: Der Strand, der niemals schläft

Freuen Sie sich auf die nächsten MERIAN-Ausgaben:
Neuseeland, London, Hongkong, Kalifornien

Zuletzt erschienen:

Juli 2004

Juni 2004

Mai 2004

April 2004

März 2004

Februar 2004